Vorwort

„Der Zeitpunkt der Aussaat mag unbedeutend erscheinen, hat aber einen ganz besonderen Einfluss auf die spätere Entwicklung der Pflanzen. Bei der Aussaat nimmt der Samen die aktuellen Einflüsse von Mond und Planeten auf. Durch die Wahl des günstigsten Zeitpunkts schaffen wir die besten Bedingungen um den Keimprozess einzuleiten. Die Pflanzen entwickeln dadurch besonders die gewünschten Eigenschaften."

Michel Gros

Nach den großen Erweiterungen der letzten Jahre bleibt der Mondkalender 2024 im 130-Seiten-Format. Die Kapitel zu Permakultur und Bodenbeschaffenheit, Kompost und Pflanzenjauchen werden in dieser **27. Auflage** noch durch Ausführungen zur Ambrosieninvasion ergänzt. Die bewährten theoretischen Erläuterungen und die praktischen Monatskurven bleiben bestehen.

Ebenso praktisch sind die 16 Tabellen, die auf den ersten Blick zeigen, welche Tage sich am besten eignen, um mit dem Mond zu leben und zu arbeiten. Sie behandeln Themen wie Kompost, Insekten- und Pilzbekämpfung, Unkraut, Ernte, Sammeln von Heilpflanzen, Bier- und Weinherstellung, Haarschnitt, Nagelpflege oder Zahnbehandlung.

Ein wichtiger Punkt, auf den gleich an dieser Stelle hingewiesen werden soll: Dieser Mondkalender **basiert auf astronomischen Daten** (Sternbildern) und nicht wie manch anderer auf den durch die Präzession verschobenen und nicht mehr adäquaten astrologischen Sternzeichen. Wir sind seit mehreren Jahrzehnten Biogärtner und überprüfen alle Angaben in Vergleichstests (siehe Seite 129) direkt im Garten, um auch hier wissenschaftlichen Ansprüchen gerecht zu werden.

Fragen, Hinweise und Kritik bitte per E-Mail an: christian@schweiger.fr

INHALT

DEN MOND VERSTEHEN

ARBEITEN MIT DEM MOND

LEBEN MIT DEM MOND

PRAXIS

DER MONDKALENDER

DEN MOND VERSTEHEN

Das Phänomen der Gezeiten lässt uns den Einfluss des Mondes auf die Erde in all seiner Kraft erkennen. Studien haben aufgezeigt, dass sich die Erdkruste bei Flut bis zu 50 Zentimeter hebt. Doch beeinflusst der Mond wesentlich mehr als nur die gut sichtbaren Gezeiten.

Unsere Vorfahren hatten durch Beobachtung und Erfahrung gelernt, ihre Arbeit und ihr Leben an die Mondzyklen anzupassen, wodurch sie in den verschiedensten Bereichen profitierten.

Ab- und zunehmender Mond

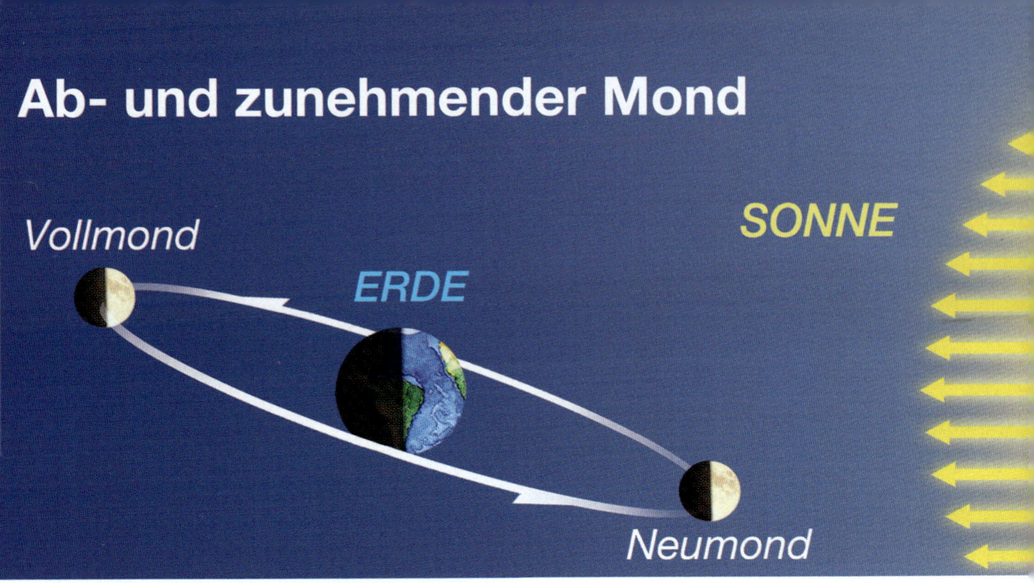

Die Zyklen des ab- und zunehmenden Mondes entsprechen Ab- und Zunahme der sichtbaren, beleuchteten Oberfläche des Mondes.

Befindet sich der Mond zwischen Erde und Sonne (in der Zeichnung rechts), ist die beleuchtete Seite des Mondes nicht von der Erde sichtbar. Auf seinem Weg um die Erde ist ein immer größerer Teil zu sehen und die feine Sichel des Neumondes wächst in etwa zwei Wochen zum Vollmond.

Die verschiedenen Phasen sind wohl der bekannteste Aspekt des Mondes, da sie mit bloßem Auge von der Erde aus erkannt werden können. Der sogenannte synodische Monatszyklus dauert 29 Tage, 12 Stunden und 44 Minuten und beginnt, wenn der Mond zwischen Sonne und Erde steht: bei Neumond. Diese unbeleuchtete Mondseite wird durch einen dunklen Kreis dargestellt. Während seines Erdumlaufs wird die beleuchtete Seite immer sichtbarer – von der Sichelform über den Halb- zum Vollmond, um dann wieder bis zum nächsten Neumond abzunehmen.

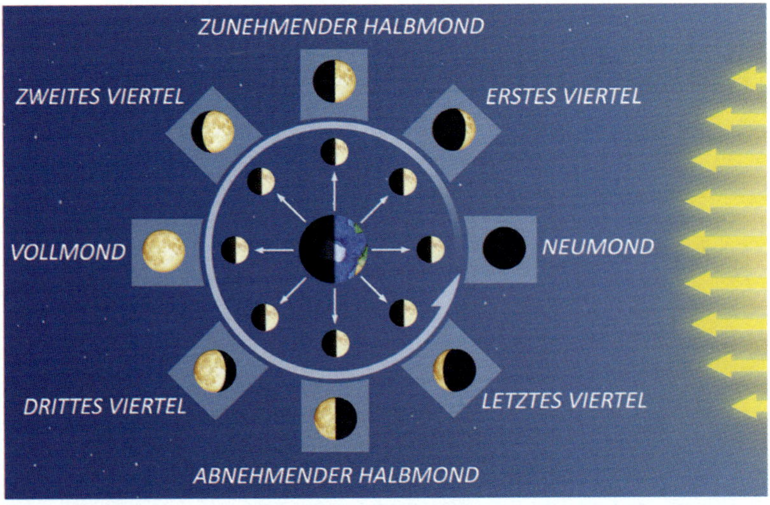

Stellen wir uns zur besseren Veranschaulichung eine Draufsicht vor: Im inneren Kreis sehen wir die jeweilige Position des Mondes während der jeweiligen Mondphasen, die im äußeren Kreis so dargestellt sind, wie wir sie von der Erde aus sehen.

ZUNEHMENDER MOND
Zwischen Neumond und Vollmond

ABNEHMENDER MOND
Zwischen Vollmond und Neumond

Zwischen Neu- und Vollmond nimmt der Mond zu und wird von Tag zu Tag heller – so auch die Kurve im Kalenderteil.

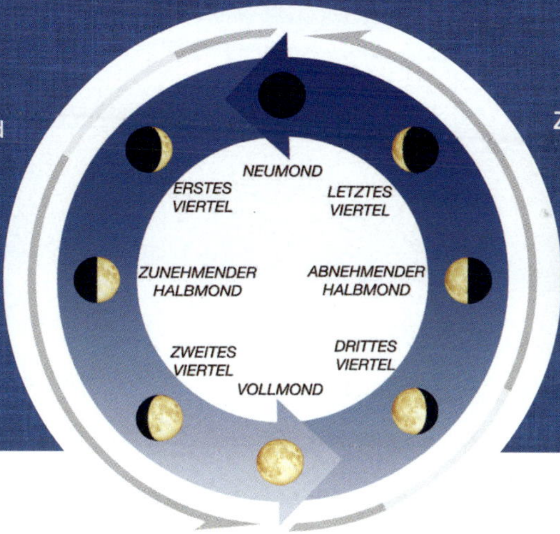

Zwischen Voll- und Neumond nimmt der Mond ab und wird von Tag zu Tag dunkler – so auch die Kurve im Kalenderteil.

EINFLÜSSE DES ZUNEHMENDEN MONDES

Die Vitalität der Pflanzen nimmt mit dem Licht des Mondes zu. Je näher der Vollmond, desto mehr Widerstandskraft haben Pflanzen gegen Schädlinge und Krankheiten.

Sie halten länger in einer Vase, im Keller oder im Silo und **spenden mehr Lebenskraft** beim Verzehr. In dieser Zeit geerntetes Heu ist von besserer Qualität; Kompost ist dann hitziger und Hufbehandlungen bei Nutztieren verheilen in dieser Zeit besser.

EINFLÜSSE DES ABNEHMENDEN MONDES

Die Vitalität der Pflanzen nimmt mit dem Licht des Mondes ab, doch wird zugleich ihre spezifische Energie gefördert. So hat die Pflanze zwar weniger Lebenskraft, doch sind **Farben, Geruch und Geschmack intensiver**, der Nährwert und die medizinischen Eigenschaften werden gesteigert. Die Aufbewahrung frischer Pflanzen erweist sich zwar als schwieriger, doch eignet sich diese Phase zum Einmachen von **Marmeladen** und **Konserven** und zur **Flaschenabfüllung** von Wein. Auch **Schädlinge** und **Pilze** lassen sich in dieser Mondphase besonders gut **bekämpfen**.

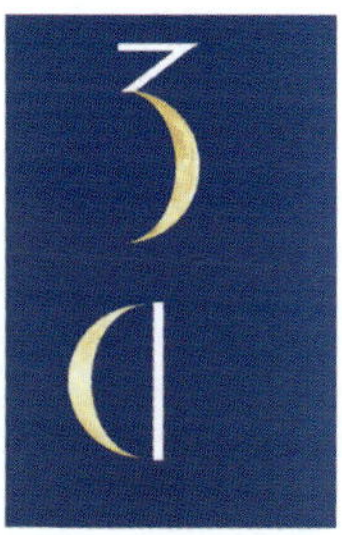

Auf einen Blick

Betrachten wir den Mond am Himmel, so genügt ein einziger Blick, um festzustellen, ob er zu- oder abnimmt: Der zunehmende Mond formt den Bogen eines kleinen *z*.

Betrachten wir den Mond am Himmel, so sehen wir, dass der abnehmende Mond den Bogen eines kleinen *a* formt.

Auf- und absteigender Mond

Oft werden zunehmender und aufsteigender Mond verwechselt.
Es handelt sich jedoch um zwei völlig verschiedene Phänomene. Hier haben wir es mit der Position des Mondes am Himmel zu tun, während die Zyklen des ab- und zunehmenden Mondes der sichtbaren, beleuchteten Oberfläche des Mondes entsprechen. So kann der Mond z. B. zugleich zunehmen und absteigen.

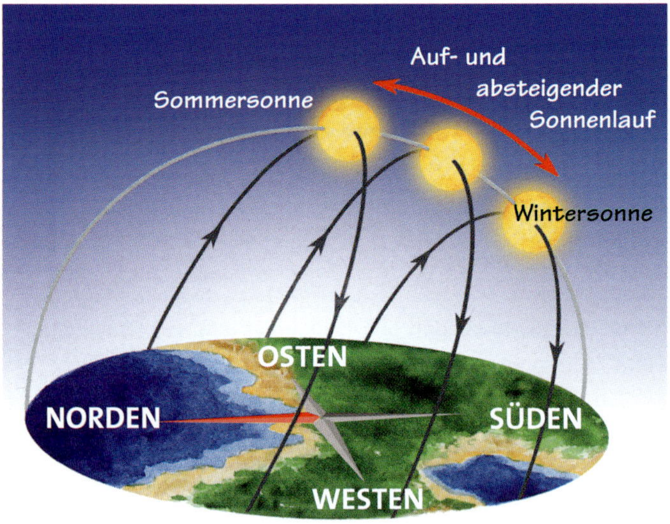

Das Auf- und Absteigen des Mondes ist vergleichbar mit dem der Sonne innerhalb eines Jahres. Ende Dezember geht die Sonne in unserer Hemisphäre im Südosten auf und im Südwesten unter und wandert während des Tages in einem ziemlich kleinen Bogen, der mittags noch relativ tief über dem südlichen Horizont liegt. Je näher wir der Sommersonnenwende kommen, desto nordöstlicher ist der Sonnenaufgang und desto nordwestlicher der Sonnenuntergang.
So sehen wir die Sonne innerhalb eines Halbjahres aufsteigen und im nächsten Halbjahr absteigen. Der Mond durchläuft diese beiden Phasen jedoch nicht wie die Sonne in einem Jahr, sondern in einem sogenannten **siderischen Mondzyklus von 27 Tagen, 7 Stunden und 43 Minuten**. Deshalb ist manchmal bei aufsteigendem Mond auch von einem Mondfrühling und bei absteigendem von einem Mondherbst die Rede.
In der südlichen Hemisphäre sind auf- und absteigender Mond der nördlichen entgegengesetzt (siehe Seite 8).

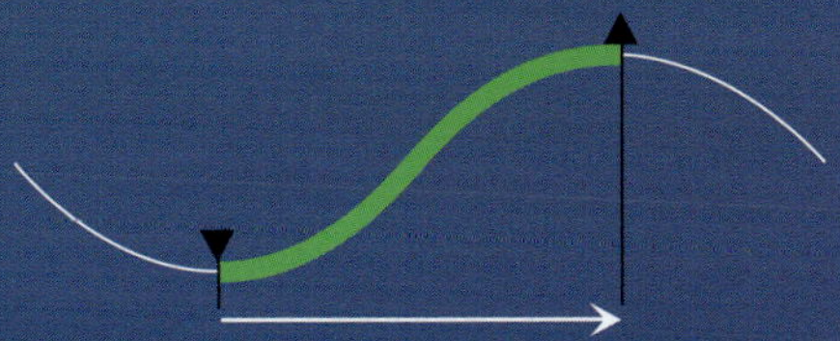

AUFSTEIGENDER MOND

In diesem Kalender wird der aufsteigende Mond (AUFM) durch eine grüne aufsteigende Kurve symbolisiert, die vom tiefsten zum höchsten Punkt führt (Seiten 72 bis 95).

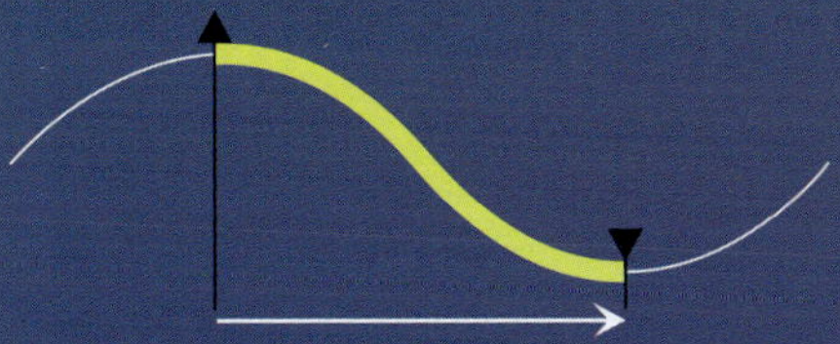

ABSTEIGENDER MOND

In diesem Kalender wird der absteigende Mond (ABM) durch eine gelbe absteigende Kurve symbolisiert, die vom höchsten zum tiefsten Punkt führt (Seiten 72 bis 95).

EINFLUSS DES AUFSTEIGENDEN MONDES

Hier steigt der Saft der Pflanzen und die oberirdischen Partien entwickeln eine größere Aktivität.

Deshalb ist dies der geeignete Zeitpunkt **zu veredeln, Obst zu ernten, Pfropfreiser abzunehmen, Birkensaft zu zapfen** usw. In dieser Zeit sollte man keine Bäume schneiden oder Kräuter zum Trocknen pflücken. Wird jetzt Rasen gemäht, so stimuliert das den Gras- und Samenwuchs.

EINFLUSS DES ABSTEIGENDEN MONDES

Hier geht der Saft der Pflanzen eher in die Wurzeln und das Wachstum konzentriert sich auf die unterirdischen Pflanzenteile.

Dies ist der passende Moment, um **Wurzelgemüse zu ernten, Kräuter zum Trocknen zu pflücken, Bäume und Ziersträucher zu schneiden, zu pflanzen, zu pikieren, umzutopfen, zu pflügen, Kompost einzuarbeiten und Holz zu fällen**. Wird zu dieser Zeit Rasen gemäht, so schlägt er feste Wurzeln und vermag die Erde besser auf Böschungen zu halten.

Entgegen der landläufigen Meinung hat der Zyklus des auf-/absteigenden Mondes nur einen geringen Einfluss auf die Aussaat, deren Entwicklung hauptsächlich von den Sternbildern, den Planetenaspekten und dem zunehmenden/absteigenden Mond beeinflusst wird (siehe Aussaat Seite 34).

Den auf- und absteigenden Mond bestimmen

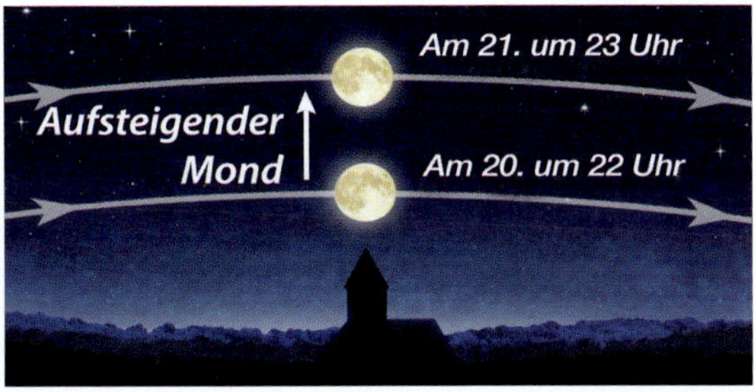

Um zu sehen, ob der Mond auf- oder absteigt, müssen wir seine Laufbahn an mindestens zwei Folgetagen anhand eines Fixpunkts wie einem Baum oder Kirchturm von derselben Stelle aus – allerdings etwa eine Stunde später – vergleichen.

Nördliche und südliche Hemisphäre

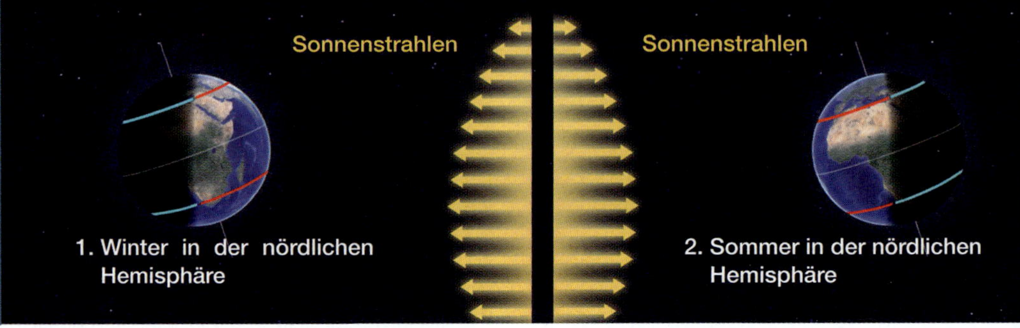

Während der Mond in unseren Breiten zuerst auf- und dann wieder absteigt, verläuft seine Bewegung in der südlichen Hemisphäre genau umgekehrt. Dafür ist die Neigung der Erdachse verantwortlich. Dieser Winkel beträgt 23° und ist ebenso für die Jahreszeiten verantwortlich, die es nicht gäbe, wenn die Erdachse gerade stünde. Im ersten Beispiel oben ist der Tag (rote Kurve) kürzer als die Nacht (grüne Kurve). Es ist Winter. Im Sommer (zweites Beispiel) ist der Tag länger als die Nacht. In der südlichen Hemisphäre ist dies genau umgekehrt. Dasselbe gilt für die Zyklen des auf- und absteigenden Mondes. Steigt der Mond in der nördlichen auf, steigt er in der südlichen ab.

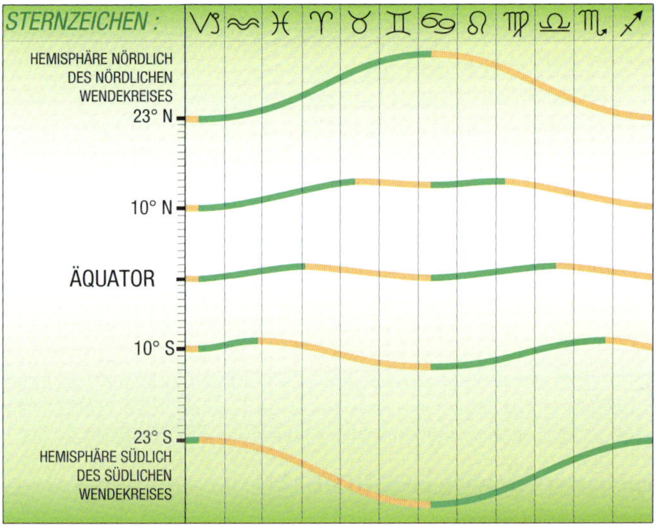

Während der Einfluss des auf- und absteigenden Mondes in der nördlichen und südlichen Hemisphäre sehr stark zum Ausdruck kommt, ist er zwischen den beiden Wendekreisen weniger markant, wie aus der Grafik ersichtlich wird. Zwischen den beiden Wendekreisen beeinflussen das Zu- und Abnehmen des Mondes sowie Ebbe und Flut das Leben auf der Erde stärker. Arbeiten für den absteigenden Mond sollten also, wenn möglich, auch bei abnehmendem Mond und sinkender Flut stattfinden.

In Äquatornähe ist also der Einfluss der Mondphasen und Gezeiten stärker als der des auf- und absteigenden Mondes, der nördlich und südlich der Tropen eine wichtigere Rolle spielt.

Auf der Südhalbkugel müssen die Angaben zum auf- und absteigenden Mond in den Monatskurven (Seiten 72–95) und Notizseiten (Seiten 99–126) umgekehrt werden. Auch die Tabellen (Kompost, Haare usw.) bedürfen bestimmter Anpassungen.

Perigäum und Apogäum

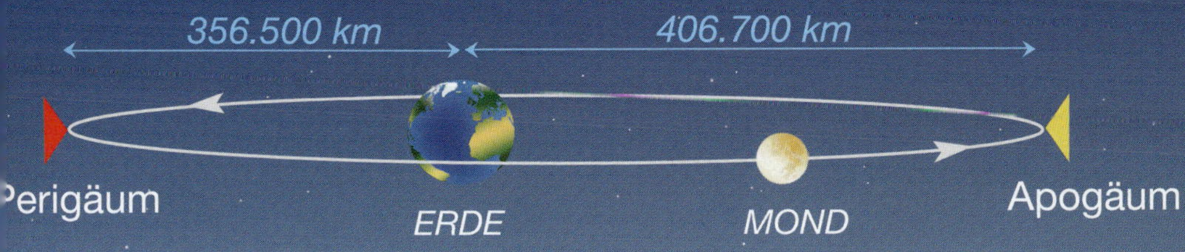

Der Mond läuft in einer Ellipse um die Erde, wobei die Erde in einem seiner Brennpunkte steht. Der Abstand zwischen den beiden ändert sich also ständig. Der erdnächste Punkt (356.500 km) auf dieser Bahn wird Perigäum, der erdfernste (406.700 km) Apogäum genannt.

Der Mond benötigt für diesen sogenannten anomalistischen Kreislauf von einem Perigäum zum nächsten 27 Tage, 13 Stunden und 18 Minuten.

Je näher der Mond der Erde kommt (Perigäum P), desto größer erscheint er uns, je weiter er entfernt ist (Apogäum A), desto kleiner sehen wir ihn. Dieses Phänomen wird im Kalender durch das An- und Abschwellen der Mondbahn gekennzeichnet.

EINFLUSS DES PERIGÄUMS

Je näher der Mond der Erde steht, desto stärker ist sein Einfluss auf die Pflanzen. Seine Auswirkungen sind also um das Perigäum herum ausgeprägter. Am Tag des Perigäums selbst sollten weder Boden noch Pflanzen bearbeitet werden.

All unsere Erfahrungen und Vergleichsstudien haben erwiesen, dass Perigäen in der Regel Störfaktoren darstellen. Auch wenn sich diese bei bestimmten Pflanzen weniger bemerkbar machen, kennzeichnen wir diese Perioden generell als negativ.

Bestimmte Planetenaspekte können diese Einflüsse außerdem verstärken oder abschwächen. Perigäen haben demnach also nicht jeden Monat dieselben Auswirkungen, weshalb die entsprechenden roten Zonen in den Monatskurven (Seiten 72–95) und Notizseiten (Seiten 99–126) auch um einige Stunden variieren können.

Bei Perigäen sollte vermieden werden, den Boden zu bestellen, zu säen oder zu ernten. Dabei ist dieser Einfluss umso stärker, je näher wir der angegebenen Uhrzeit des Störfaktors kommen. Es handelt sich um eine fließende Grenze, bei der die 4–5 Stunden vor und 3–4 Stunden nach der jeweiligen Zeitangabe gemieden werden sollten.

EINFLUSS DES APOGÄUMS

Unsere Vergleichsversuche haben keinen erkennbaren Einfluss der Apogäen erkennen lassen, weshalb sie lediglich zur Information angeführt werden.

Mondknoten und Planetenknoten

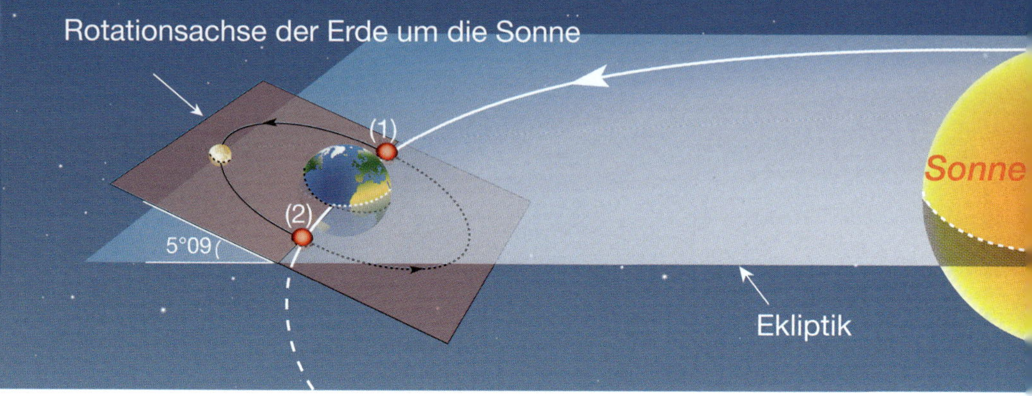

MONDKNOTEN

Die Erde zieht eine ellipsenförmige Bahn um die Sonne, die einen der Brennpunkte dieser Ellipse darstellt. Der Winkel der Ebene, auf der diese Bahn läuft, wird Ekliptik genannt. Der Mond läuft nun seinerseits in einer Ellipse um die Erde, deren Ebene die Ekliptik zwei Mal in einem Winkel von 5° 09' schneidet – einmal bei seinem Aufstieg (1), dem **aufsteigenden Mondknoten** (☊), dann bei seinem Abstieg (2), dem **absteigenden Mondknoten** (☋).

PLANETENKNOTEN

Genauso wie bei den Mondknoten kommt es ebenso zu Knoten, wenn Planeten die Ekliptik der Erde um die Sonne schneiden. Sie werden nicht nur in der Berechnung der Monatskurven berücksichtigt, sondern ebenso in den Notizseiten durch die Knotenzeichen (☋ ☊) in Verbindung mit dem jeweiligen Symbol der vier wichtigsten Planeten Merkur ☿ Venus ♀ Mars ♂ Jupiter ♃ gekennzeichnet.

EINFLUSS DER MOND- UND PLANETENKNOTEN

Unsere Vergleichsstudien haben erwiesen, dass Mond- und Planetenknoten Störfaktoren darstellen. In diesen Momenten sollte vermieden werden, den Boden zu bestellen, zu säen oder zu ernten. Weitere Beispiele für diese negativen Einflüsse finden Sie auf den nächsten Seiten.

Je näher wir der angegebenen Uhrzeit des Störfaktors kommen, desto stärker ist dieser Einfluss. Auch hier handelt es sich um eine fließende Grenze, bei der die 4–5 Stunden vor und 3–4 Stunden nach der jeweiligen Zeitangabe gemieden werden sollten. Um sicherzugehen, haben wir diese roten Zonen etwas breiter gestaltet.
Bestimmte Planetenaspekte können diese Einflüsse außerdem verstärken oder abschwächen. Manche Knoten können also sehr starke Auswirkungen haben, während andere kaum bemerkbar sind.

In den Monatskurven (Seiten 72–95) und Notizseiten (Seiten 99–126) sind diese Zonen rot oder durch (–) gekennzeichnet.

Mond- und Sonnenfinsternis

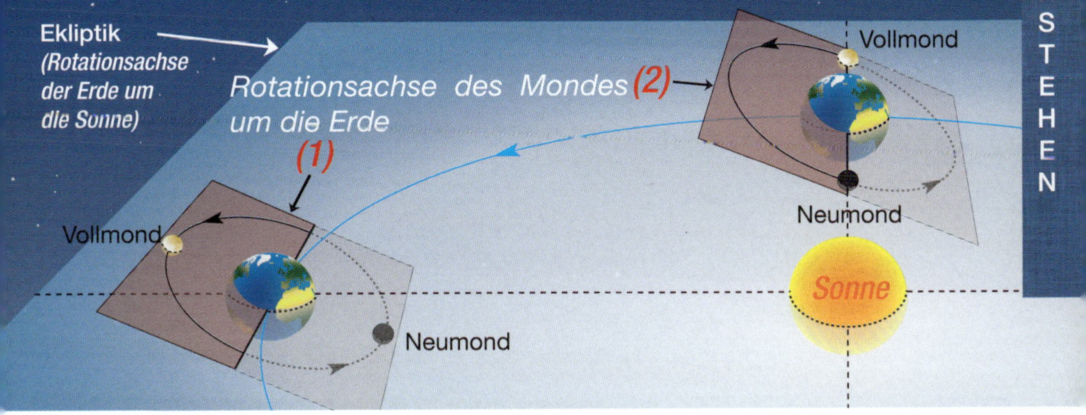

Sonnenfinsternis 2024 (MEZ)

8 April: Totale Sonnenfinsternis, die um 20:18 Uhr ihren Höhepunkt erreicht. Sie ist sichtbar in Mexiko, USA, Kanada.

2. Oktober: Ringfinsternis, die um 20:46 Uhr ihr Maximum erreicht. Sichtbar an der Südspitze von Südamerika.

Mondfinsternis 2024 (MEZ)

25 März: Schattenfinsternis, die ihr Maximum um 8:14 Uhr erreicht.

18. September: Teilfinsternis, die ihren Höhepunkt um 4:45 Uhr erreicht.

Mondfinsternisse sind natürlich nur sichtbar, wenn der Mond um die jeweilige Uhrzeit am Himmel steht.

Befinden sich Sonne, Erde und Mond in einer Achse auf der Ebene der Ekliptik (2), so tritt bei Neumond eine Sonnenfinsternis und bei Vollmond eine Mondfinsternis ein.
Da die Mondknoten die Schnittpunkte der Erdumlaufbahn um die Sonne mit der Mondumlaufbahn um die Erde darstellen, tritt eine Sonnen- oder Mondfinsternis immer dann ein, wenn Mondknoten mit Neumond (NM) bzw. Vollmond (VM) zusammenfallen.

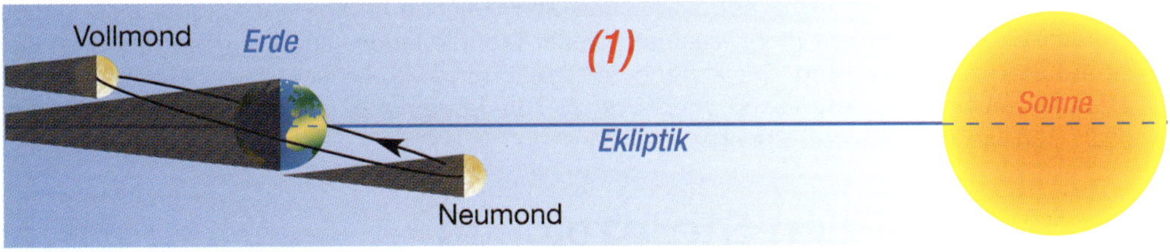

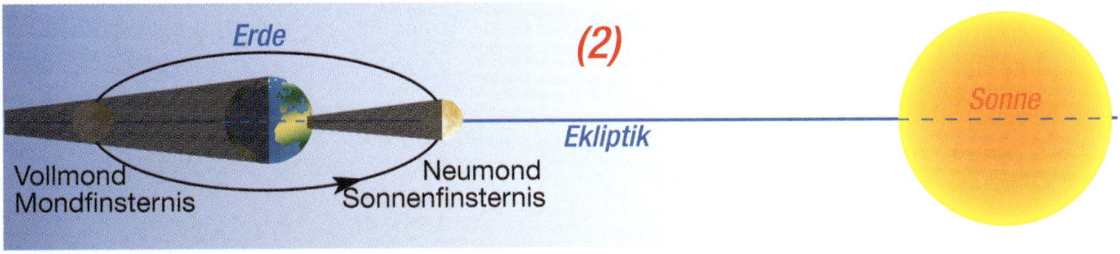

Sternbilder und Sternzeichen

In beiden Skizzen steht der Mond (aus der Erdperspektive) im Zeichen des Zwillings und im Bild des Stiers.

STERNZEICHEN

WIDDER	LÖWE	SCHÜTZE	STIER	JUNGFRAU	STEINBOCK	ZWILLING	WAAGE	WASSERMANN	KREBS	SKORPION	FISCHE

STERNBILDER

Sternbilder sind Konstellationen unterschiedlicher Größe, denen der Mensch aufgrund ihrer Anordnung Namen verliehen hat.

– Sie beeinflussen die verschiedenen Pflanzenteile (Wurzeln, Blätter, Blüte und Frucht).

Die 12 **Sternzeichen** entsprechen je 30° des regelmäßig unterteilten Tierkreises, die im Frühling mit dem Widder beginnen.

– Sie haben eine energetische Rolle und **bestimmen die Grundeigenschaften (trocken, feucht, heiß, kalt).**

Die Abweichung zwischen Sternbildern und Sternzeichen ist auf die sogenannte **Präzession** zurückzuführen. Vor 2000 Jahren begannen sowohl das Sternzeichen als auch das Sternbild des Widders zur Frühlingstagundnachtgleiche. Heute sind sie um fast einen Monat verschoben (siehe die gestrichelte Linie der Skizze). **Die astrologischen Sternzeichen entsprechen heute also keiner astronomischen Wirklichkeit mehr, weshalb dieser Mondkalender auch auf Sternbildern und nicht auf Sternzeichen basiert.** Die jährliche Verschiebung von 20 Minuten zwischen Sternzeichen und -bildern ergibt das **„platonische Jahr“ von 25.765 Jahren**, nach dem das Sternzeichen des Widders sich wieder mit seinem Sternbild deckt.

Der Mond in den Sternzeichen

Die den Sternzeichen entsprechenden Elemente Feuer, Erde, Luft, Wasser bestimmen und vereinen die Grundeigenschaften heiß, kalt, trocken und feucht:

Feuer = trocken und heiß; **Wasser** = feucht und kalt;
Erde = trocken und kalt; **Luft** = feucht und heiß.

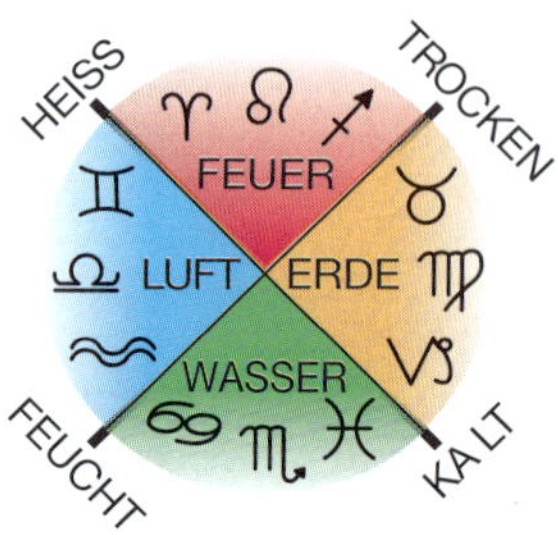

Das **Heiße** begünstigt und beschleunigt den Stoffwechsel.
Das **Kalte** bremst den Stoffwechsel.
Das **Trockene** konzentriert den Saft und wirkt so äußerer Feuchtigkeit entgegen.
Das **Feuchte** verteilt die Nähr- und Wirkstoffe in der Pflanze.
Durch die Arbeit an den Pflanzen zu bestimmten Zeitpunkten können wir diese Eigenschaften stärken oder mindern. So wird der Boden in Trockenperioden z. B. in einem Wasserzeichen (kalt und feucht) bearbeitet.

Der Mond vor den Sternbildern

Wenn der Mond vor einem Sternbild vorbeizieht, aktiviert er die diesem Sternbild eigenen Einflüsse, um sie an uns weiterzugeben. Rudolf Steiner, der Begründer der biodynamischen Landwirtschaft, hat die Gesetze über den Mond vor den Sternbildern zusammengefasst. Der Mond vor den Sternbildern spielt eine wichtige Rolle für die Aussaat und ihre Entwicklung. Es ist daher wichtig, dass Sie die Aussaat nach dem Teil der Pflanze vornehmen, den Sie ernten möchten (siehe Aussaat, Seite 34).

Wenn sich der Mond vor einer Feuerkonstellation (Widder, Löwe, Schütze) befindet, konzentriert sich die Aktivität der Pflanzen vor allem auf die Entwicklung von Früchten und Samen. Dies ist der ideale Zeitpunkt, um zu säen oder sich um die „Frucht"-Pflanzen zu kümmern (Tomaten, Auberginen, Erbsen, Bohnen, Mais, Kürbisse, Getreide ... siehe Liste auf Seite 130).

Wenn der Mond vor einer Erdkonstellation steht (Stier, Jungfrau, Steinbock), bildet die Pflanze besonders Wurzeln und Rinde. Jetzt ist die ideale Zeit, um zu säen, zu pflanzen oder sich um „Wurzelpflanzen" zu kümmern (Karotten, Kartoffeln, Radieschen, Spargel, Sellerie, Rote Bete, Pastinaken, Zwiebeln ... siehe Liste auf Seite 130).

Wenn sich der Mond vor einer Luftkonstellation (Zwillinge, Waage, Wassermann) befindet, wird der blühende Teil der Pflanze bevorzugt. Jetzt ist die ideale Zeit, um zu säen oder sich um Blütenpflanzen zu kümmern (Blumenkohl, Artischocken, Brokkoli, Zierblumen ... siehe Liste auf Seite 130).

Wenn der Mond vor einer Wasserkonstellation steht (Krebs, Skorpion, Fische), fördert die Aktivität der Pflanze die Entwicklung von Blättern. Dies ist der ideale Zeitpunkt für die Aussaat und Pflege von Blattpflanzen (Salat, Spinat, Mangold, Lauch, Kohl, Petersilie ... siehe Liste auf Seite 130).

Überschneidung von Sternbildern und Sternzeichen

In den Kurven des Kalenderteils werden die verschiedenen Überschneidungen durch laufende Buchstaben dargestellt. Erdbeeren werden z. B. am besten bei der Überlagerung des Sternbildes des Löwen mit dem Sternzeichen des Löwen gepflanzt, die in den Monatskurven mit dem Buchstaben q gekennzeichnet ist und in nebenstehendem Ausschnitt zwischen 1 Uhr und 19.32 Uhr liegt. Diese Phase eignet sich auch gut zum Fällen von Bauholz, welches durch das verstärkte Feuerelement besser trocknet und weniger anfällig für Parasiten wird.

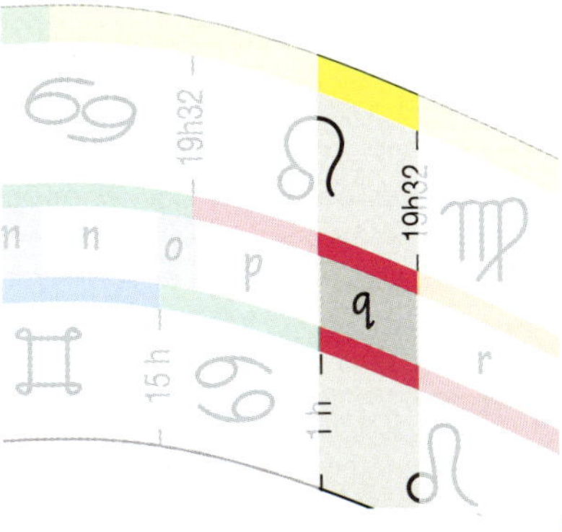

Planetenaspekte

Die Planeten wandern in verschiedenen Abständen und Geschwindigkeiten um die Sonne. Von der Erde aus gesehen verändern sie also ständig ihre Position. Zwei Planeten bilden in Bezug auf die Erde als Scheitelpunkt immer einen bestimmten Winkel.

Ein Winkel von	**0°**	heißt **Konjunktion**	(☌) und wird symbolisiert durch ☌
Ein Winkel von	**60°**	heißt **Sextil**	(✶) und wird symbolisiert durch ✶
Ein Winkel von	**90°**	heißt **Quadratur**	(□) und wird symbolisiert durch □
Ein Winkel von	**120°**	heißt **Trigon**	(△) und wird symbolisiert durch △
Ein Winkel von	**180°**	heißt **Opposition**	(☍) und wird symbolisiert durch ☍

Bild 1

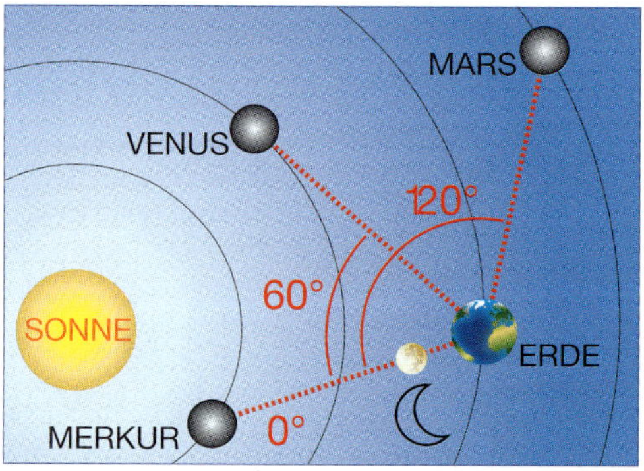

Bild 2

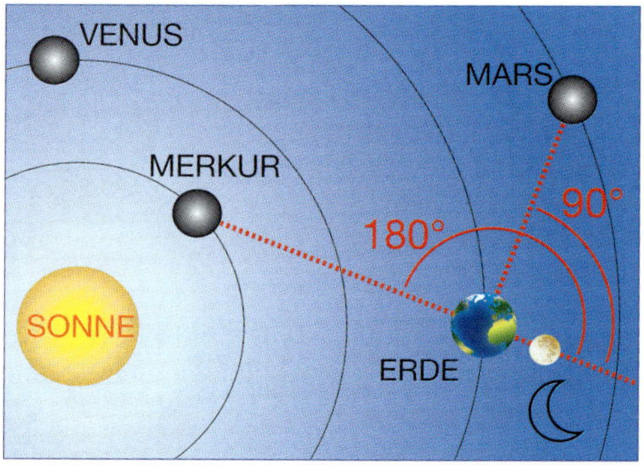

In Bild 1 steht der Mond in Konjunktion zu Merkur ☾☌☿, im Sextil zu Venus ☾✶♀ und im Trigon zu Mars ☾△♂.

In Bild 2 steht der Mond in Quadratur zu Mars ☾□♂ und in Opposition zu Merkur ☾☍☿.

Diese Aspekte können entweder zur Harmonisierung der Energie beitragen und so das Wachstum in Einklang mit dem natürlichen Rhythmus der Pflanze bringen oder aber auch in verschiedenen Bereichen die Pflanze stören, was z. B. ein zu langsames oder zu schnelles Wachstum bewirkt.
In einigen Kapiteln beziehen wir uns auf die Einflüsse der Planetenaspekte: Kompost, Unkrautbekämpfung, Weinbau, Kleidung, Hautpflege, Ernährung, Heilfasten, Entgiftung, Haarschnitt und Enthaarung. Auch wenn Pluto in astronomischer Hinsicht kein wirklicher Planet ist, hat auch er Einfluss auf unsere Erde, weshalb er hier ebenso berücksichtigt wird.

Der genaue Zeitpunkt der Planetenaspekte ist den Tabellen auf den folgenden Seiten zu entnehmen. Dabei ist der Zeitraum von 6–12 Stunden vor und nach der angegebenen Uhrzeit relevant.

In der folgenden Tabelle lesen wir z. B. am 1. Januar um 10 Uhr: Der Mond steht in Trigon zu Sonne ☾△☉.

JANUAR	1	2	3	4	5	6	7	8	9	10	11	12	13	14	15	16	17	18	19	20	21	22	23	24	25	26	27	28	29	30	31
☉: SONNE	△ 10			□ 5		✱ 20					☌ 13				✱ 22			□ 5		△ 15					☍ 19						△ 7
☿: MERKUR		□ 10		✱ 23					☌ 19					✱ 5		□ 10		△ 19					☍ 22						△ 13		
♀: VENUS			✱ 13					☌ 20					✱ 9		□ 14		△ 21					☍ 22						△ 8			□ 5
♂: MARS		□ 23			✱ 15					☌ 10				✱ 17		□ 21			△ 4					☍ 3					△ 10		
♃: JUPITER						☍ 1				△ 12		□ 13		✱ 14				☌ 20					✱ 11		□ 22			△ 10			
♄: SATURN					△ 21			□ 5		✱ 9				☌ 12				✱ 18			□ 1		△ 9					☍ 8			
♅: URANUS		△ 4					☍ 2				△ 10		□ 11		✱ 12				☌ 19					✱ 11		□ 22			△ 11		
♆: NEPTUN		☍ 16					△ 13		□ 18		✱ 20				☌ 22					✱ 7		□ 14			△ 0					☍ 0	
♇: PLUTO			△ 1		□ 13		✱ 21					☌ 4				✱ 6		□ 9		△ 15					☍ 9					△ 10	
	1	2	3	4	5	6	7	8	9	10	11	12	13	14	15	16	17	18	19	20	21	22	23	24	25	26	27	28	29	30	31

FEBRUAR	1	2	3	4	5	6	7	8	9	10	11	12	13	14	15	16	17	18	19	20	21	22	23	24	25	26	27	28	29		
☉: SONNE			□ 0		✱ 13					☌ 0				✱ 8		□ 16			△ 4					☍ 14							
☿: MERKUR	□ 10			✱ 4					☌ 0				✱ 12		□ 22			△ 12						☍ 6							
♀: VENUS		✱ 23					☌ 21					✱ 6		□ 11		△ 21					☍ 4					△ 19				
♂: MARS	□ 3		✱ 18					☌ 9				✱ 14		□ 18			△ 2					☍ 4					△ 14				
♃: JUPITER		☍ 12					△ 3		□ 4		✱ 4				☌ 8				✱ 23			□ 11			△ 0						
♄: SATURN		△ 11		□ 20			✱ 1				☌ 3				✱ 6		□ 12		△ 21					☍ 21							
♅: URANUS			☍ 11				△ 21		□ 22		✱ 21					☌ 1				✱ 18			□ 5		△ 18						
♆: NEPTUN				△ 0		□ 6		✱ 9				☌ 8				✱ 14		□ 21			△ 8					☍ 9					
♇: PLUTO	□ 22			✱ 8				☌ 16				✱ 16		□ 17		△ 22					☍ 17					△ 18			□ 7		
	1	2	3	4	5	6	7	8	9	10	11	12	13	14	15	16	17	18	19	20	21	22	23	24	25	26	27	28	29		

MÄRZ	1	2	3	4	5	6	7	8	9	10	11	12	13	14	15	16	17	18	19	20	21	22	23	24	25	26	27	28	29	30	31
☉: SONNE	△ 2		□ 16			✱ 2				☌ 10				✱ 19			□ 5		△ 20						☍ 8					△ 17	
☿: MERKUR	△ 5			□ 1		✱ 14					☌ 4				✱ 23			□ 15			△ 11						☍ 0				
♀: VENUS	□ 14			✱ 5				☌ 20					✱ 4		□ 12			△ 1					☍ 14						△ 4		□ 20
♂: MARS	□ 6		✱ 19					☌ 8				✱ 12		□ 17			△ 2					☍ 8					△ 17			□ 8	
♃: JUPITER	☍ 3				△ 20		□ 22		✱ 22					☌ 0				✱ 14			□ 3		△ 16					☍ 19			
♄: SATURN	△ 0		□ 10		✱ 17				☌ 19				✱ 21			□ 1		△ 9					☍ 10					△ 12		□ 22	
♅: URANUS	☍ 19					△ 8		□ 10		✱ 9				☌ 11					✱ 1		□ 13			△ 2					☍ 3		
♆: NEPTUN		△ 9		□ 17		✱ 21				☌ 21				✱ 23			□ 6		△ 16					☍ 17					△ 17		
♇: PLUTO		✱ 17					☌ 4				✱ 4		□ 4		△ 7					☍ 0					△ 1		□ 14			✱ 0	
	1	2	3	4	5	6	7	8	9	10	11	12	13	14	15	16	17	18	19	20	21	22	23	24	25	26	27	28	29	30	31

APRIL	1	2	3	4	5	6	7	8	9	10	11	12	13	14	15	16	17	18	19	20	21	22	23	24	25	26	27	28	29	30	
☉: SONNE		□ 5		✱ 13				☌ 20					✱ 9		□ 21			△ 14						☍ 2					△ 4		
☿: MERKUR	△ 1		□ 6		✱ 8				☌ 5				✱ 5		□ 9		△ 17					☍ 14					△ 10		□ 18		
♀: VENUS			✱ 7				☌ 18					✱ 6		□ 17			△ 10						☍ 1					△ 9		□ 20	
♂: MARS	✱ 20					☌ 7				✱ 13		□ 19			△ 5					☍ 13					△ 20			□ 8		✱ 17	
♃: JUPITER		△ 14		□ 18		✱ 19				☌ 21					✱ 10		□ 22			△ 12					☍ 14					△ 7	
♄: SATURN		✱ 7				☌ 12				✱ 13		□ 17			△ 0					☍ 0					△ 1		□ 10		✱ 17		
♅: URANUS		△ 19		□ 22		✱ 23					☌ 0				✱ 12		□ 23			△ 12					☍ 12					△ 4	
♆: NEPTUN	□ 2		✱ 8				☌ 10				✱ 12		□ 17			△ 1					☍ 2					△ 1		□ 10		✱ 15	
♇: PLUTO			☌ 14				✱ 17		□ 17		△ 18					☍ 8					△ 9		□ 21			✱ 8				☌ 21	
	1	2	3	4	5	6	7	8	9	10	11	12	13	14	15	16	17	18	19	20	21	22	23	24	25	26	27	28	29	30	

MAI	1	2	3	4	5	6	7	8	9	10	11	12	13	14	15	16	17	18	19	20	21	22	23	24	25	26	27	28	29	30	31
☉: SONNE	□ 13		✱ 20					☌ 5				✱ 23			□ 14			△ 8					☍ 16					△ 12		□ 19	
☿: MERKUR		✱ 0				☌ 8				✱ 19			□ 7			△ 0					☍ 16					△ 23			□ 11		✱ 21
♀: VENUS			✱ 4				☌ 16					✱ 10			□ 2		△ 21						☍ 9					△ 8		□ 17	
♂: MARS					☌ 4				✱ 13		□ 21			△ 9					☍ 18					△ 21			□ 6		✱ 13		
♃: JUPITER		□ 11		✱ 14				☌ 19					✱ 7		□ 19			△ 9					☍ 9					△ 0		□ 4	
♄: SATURN				☌ 1				✱ 4		□ 7		△ 13					☍ 12					△ 12		□ 20			✱ 3				☌ 10
♅: URANUS		□ 8		✱ 10				☌ 13				✱ 23			□ 10		△ 23					☍ 22					△ 12		□ 16		✱ 20
♆: NEPTUN				☌ 21					✱ 0		□ 4		△ 11					☍ 11					△ 9		□ 17		✱ 22				
♇: PLUTO					✱ 2		□ 3		△ 5				☍ 17					△ 17			□ 5		✱ 14					☌ 2			
	1	2	3	4	5	6	7	8	9	10	11	12	13	14	15	16	17	18	19	20	21	22	23	24	25	26	27	28	29	30	31

JUNI	1	2	3	4	5	6	7	8	9	10	11	12	13	14	15	16	17	18	19	20	21	22	23	24	25	26	27	28	29	30	
☉: SONNE		✱ 2				☌ 15					✱ 14			□ 7			△ 1					☍ 3				△ 17			□ 0		
☿: MERKUR					☌ 19						✱ 5			□ 6			△ 8					☍ 21					△ 20			□ 7	
♀: VENUS		✱ 0				☌ 16					✱ 18			□ 13			△ 9					☍ 12					△ 5		□ 12		
♂: MARS			☌ 0				✱ 12		□ 22			△ 12					☍ 21					△ 19			□ 1		✱ 6				
♃: JUPITER	✱ 8				☌ 15					✱ 4		□ 16			△ 6					☍ 5				△ 17		□ 20			✱ 0		
♄: SATURN				✱ 16		□ 19			△ 1				☍ 22					△ 22			□ 6		✱ 11				☌ 17				
♅: URANUS					☌ 1				✱ 11		□ 21			△ 10					☍ 9				△ 21			□ 1		✱ 3			
♆: NEPTUN	☌ 5				✱ 10		□ 14		△ 21					☍ 20					△ 18			□ 1		✱ 5				☌ 11			
♇: PLUTO	✱ 9		□ 11		△ 14					☍ 1					△ 0		□ 12		✱ 22					☌ 8				✱ 13		□ 16	
	1	2	3	4	5	6	7	8	9	10	11	12	13	14	15	16	17	18	19	20	21	22	23	24	25	26	27	28	29	30	

JULI	1	2	3	4	5	6	7	8	9	10	11	12	13	14	15	16	17	18	19	20	21	22	23	24	25	26	27	28	29	30	31
☉: SONNE	✱ 7					☌ 1					✱ 7			□ 1		△ 17					☍ 12				△ 22			□ 5		✱ 13	
☿: MERKUR		✱ 18					☌ 22						✱ 14			□ 9		△ 22					☍ 12				△ 22			□ 4	
♀: VENUS	✱ 21					☌ 18						✱ 5			□ 1		△ 17					☍ 12					△ 0		□ 9		✱ 20
♂: MARS	☌ 18					✱ 11		□ 23			△ 15					☍ 22					△ 14		□ 19		✱ 23					☌ 11	
♃: JUPITER			☌ 9					✱ 0		□ 12			△ 2					☍ 1				△ 11		□ 13		✱ 15					☌ 1
♄: SATURN	✱ 23			□ 4		△ 10					☍ 6					△ 7		□ 15		✱ 19				☌ 23					✱ 4		□ 9
♅: URANUS		☌ 11				✱ 22			□ 8		△ 20					☍ 21					△ 8		□ 10		✱ 11				☌ 18		
♆: NEPTUN		✱ 18		□ 23			△ 6					☍ 4					△ 3		□ 10		✱ 13				☌ 17				✱ 23		
♇: PLUTO		△ 20					☍ 8					△ 6		□ 19			✱ 5				☌ 15				✱ 18		□ 21			△ 1	
	1	2	3	4	5	6	7	8	9	10	11	12	13	14	15	16	17	18	19	20	21	22	23	24	25	26	27	28	29	30	31

AUGUST	1	2	3	4	5	6	7	8	9	10	11	12	13	14	15	16	17	18	19	20	21	22	23	24	25	26	27	28	29	30	31
☉: SONNE				☌ 13						✱ 0		□ 17			△ 7				☍ 20					△ 4		□ 11		✱ 22			
☿: MERKUR	✱ 12					☌ 7					✱ 6		□ 14		△ 19				☍ 19				△ 15		□ 15		✱ 19				
♀: VENUS						☌ 1					✱ 17			□ 10		△ 21					☍ 9				△ 21			□ 8		✱ 22	
♂: MARS				✱ 8		□ 22			△ 15					☍ 20					△ 8		□ 11		✱ 13					☌ 2			
♃: JUPITER				✱ 18			□ 6		△ 20					☍ 20					△ 4		□ 5		✱ 6				☌ 14				
♄: SATURN		△ 16					☍ 12					△ 12		□ 22			✱ 3				☌ 5				✱ 7		□ 11		△ 18		
♅: URANUS			✱ 7		□ 17			△ 5					☍ 6				△ 19		□ 20		✱ 21					☌ 0				✱ 14	
♆: NEPTUN	□ 5		△ 13					☍ 11					△ 11		□ 19		✱ 23					☌ 0				✱ 4		□ 9		△ 17	
♇: PLUTO			☍ 14					△ 13			□ 1		✱ 13					☌ 0				✱ 1		□ 2		△ 5				☍ 19	
	1	2	3	4	5	6	7	8	9	10	11	12	13	14	15	16	17	18	19	20	21	22	23	24	25	26	27	28	29	30	31

SEPTEMBER	1	2	3	4	5	6	7	8	9	10	11	12	13	14	15	16	17	18	19	20	21	22	23	24	25	26	27	28	29	30
☉: SONNE			☌ 4					⚹ 16			□ 8		△ 19					☍ 5				△ 12		□ 21			⚹ 10			
☿: MERKUR	☌ 15						⚹ 1		□ 21			△ 14					☍ 9				△ 23			□ 10			⚹ 3			
♀: VENUS					☌ 11						⚹ 1		□ 14		△ 21					☍ 5				△ 21			□ 11			⚹ 5
♂: MARS		⚹ 2		□ 18			△ 10					☍ 13				△ 23			□ 0		⚹ 2				☌ 15					⚹ 17
♃: JUPITER	⚹ 8		□ 21			△ 10					☍ 10				△ 20		□ 21		⚹ 20					☌ 1				⚹ 18		
♄: SATURN			☍ 15					△ 16			□ 2		⚹ 9				☌ 12				⚹ 11		□ 14		△ 20					☍ 17
♅: URANUS		□ 0		△ 13					☍ 14					△ 5		□ 7		⚹ 7				☌ 7				⚹ 19			□ 6	
♆: NEPTUN				☍ 16					△ 17			□ 2		⚹ 8				☌ 9				⚹ 10		□ 14		△ 22				
♇: PLUTO				△ 18			□ 7		⚹ 19					☌ 10				⚹ 11		□ 11		△ 12					☍ 0			
	1	2	3	4	5	6	7	8	9	10	11	12	13	14	15	16	17	18	19	20	21	22	23	24	25	26	27	28	29	30

OKTOBER	1	2	3	4	5	6	7	8	9	10	11	12	13	14	15	16	17	18	19	20	21	22	23	24	25	26	27	28	29	30	31
☉: SONNE		☌ 21						⚹ 8		□ 21			△ 6				☍ 13				△ 23			□ 10			⚹ 2				
☿: MERKUR			☌ 0					⚹ 20			□ 12		△ 22					☍ 9					△ 2		□ 19			⚹ 14			
♀: VENUS					☌ 20						⚹ 4		□ 13		△ 18					☍ 3					△ 0		□ 17			⚹ 13	
♂: MARS			□ 9			△ 0					☍ 0				△ 10		□ 11		⚹ 12				☌ 23						⚹ 1		□ 16
♃: JUPITER	□ 7		△ 20					☍ 19					△ 7		□ 9		⚹ 8			☌ 9						⚹ 0		□ 11		△ 23	
♄: SATURN					△ 18			□ 5		⚹ 13				☌ 20				⚹ 19		□ 20			△ 0				☍ 19				
♅: URANUS	△ 18					☍ 19					△ 13		□ 16		⚹ 17				☌ 16					⚹ 0		□ 10		△ 21			
♆: NEPTUN	☍ 21					△ 22			□ 8		⚹ 15				☌ 19				⚹ 18		□ 21			△ 3					☍ 1		
♇: PLUTO		△ 0		□ 13			⚹ 1				☌ 18				⚹ 22		□ 21		△ 22					☍ 7					△ 5		□ 18
	1	2	3	4	5	6	7	8	9	10	11	12	13	14	15	16	17	18	19	20	21	22	23	24	25	26	27	28	29	30	31

NOVEMBER	1	2	3	4	5	6	7	8	9	10	11	12	13	14	15	16	17	18	19	20	21	22	23	24	25	26	27	28	29	30
☉: SONNE	☌ 14					⚹ 20			□ 7		△ 14				☍ 22					△ 12			□ 2		⚹ 21					
☿: MERKUR			☌ 8					⚹ 14		□ 23			△ 5				☍ 14					△ 8		□ 21			⚹ 10			
♀: VENUS					☌ 1					⚹ 1		□ 9		△ 13					☍ 1					△ 5			□ 1		⚹ 20	
♂: MARS			△ 6					☍ 2				△ 12		□ 13		⚹ 14				☌ 23					⚹ 23			□ 13		
♃: JUPITER				☍ 22					△ 11		□ 14		⚹ 15				☌ 15					⚹ 1		□ 12			△ 0			
♄: SATURN	△ 20			□ 7		⚹ 16					☌ 3				⚹ 4		□ 5		△ 8					☍ 1					△ 3	
♅: URANUS		☍ 22					△ 16		□ 21			⚹ 0				☌ 1				⚹ 6		□ 14			△ 2					☍ 3
♆: NEPTUN			△ 1		□ 11		⚹ 19					☌ 3				⚹ 4		□ 5		△ 10					☍ 7					△ 7
♇: PLUTO			⚹ 6					☌ 0				⚹ 7		□ 8		△ 8				☍ 15					△ 13			□ 2		⚹ 13
	1	2	3	4	5	6	7	8	9	10	11	12	13	14	15	16	17	18	19	20	21	22	23	24	25	26	27	28	29	30

DEZEMBER	1	2	3	4	5	6	7	8	9	10	11	12	13	14	15	16	17	18	19	20	21	22	23	24	25	26	27	28	29	30	31
☉: SONNE	☌ 7					⚹ 8		□ 16		△ 23					☍ 10					△ 6		□ 23			⚹ 18					☌ 23	
☿: MERKUR		☌ 2				⚹ 7		□ 7		△ 6				☍ 5				△ 13			□ 1		⚹ 17						☌ 4		
♀: VENUS					☌ 1				⚹ 20			□ 2		△ 8					☍ 1					△ 12			□ 6		⚹ 21		
♂: MARS	△ 0				☍ 16					△ 1		□ 3		⚹ 4				☌ 10					⚹ 5		□ 17			△ 3			
♃: JUPITER	☍ 22					△ 11		□ 15		⚹ 17				☌ 20					⚹ 4		□ 13			△ 1				☍ 23			
♄: SATURN	□ 14		⚹ 22					☌ 10				⚹ 15		□ 17		△ 20					☍ 12					△ 14			□ 0		⚹ 8
♅: URANUS				△ 19			□ 1		⚹ 5				☌ 9				⚹ 14		□ 21			△ 8					☍ 9				
♆: NEPTUN		□ 17			⚹ 0				☌ 10				⚹ 14		□ 16		△ 20					☍ 14					△ 15			□ 1	
♇: PLUTO					☌ 6				⚹ 15		□ 18		△ 19					☍ 2				△ 22			□ 11		⚹ 23				
	1	2	3	4	5	6	7	8	9	10	11	12	13	14	15	16	17	18	19	20	21	22	23	24	25	26	27	28	29	30	31

Die Gezeiten

Sprechen wir von den Gezeiten, denken wir zuerst wohl an Ebbe und Flut. Doch wirken sich die Gezeiten auch auf die Pflanzenwelt, ja auf unseren gesamten Planeten aus. Studien haben aufgezeigt, dass sich die Erdkruste dabei um etwa 30 Zentimeter hebt und senkt, bei Voll- und Neumond sogar mehr. Daher wundert es nicht, dass dadurch auch Lebewesen, insbesondere aber Pflanzen, beeinflusst werden, deren Säfte mit den Gezeiten fluktuieren.

Die Anziehungskraft zweier Körper variiert je nach ihrer Masse und Distanz. Im Fall der Erde üben Sonne und Mond die größte Anziehungskraft aus. Dabei ist die des Mondes durchschnittlich 2,17 mal so stark wie die der Sonne. Dieser Fremdeinfluss bewirkt eine Verformung der Erde, die wir am leichtesten an der Bewegung der Meere beobachten können.

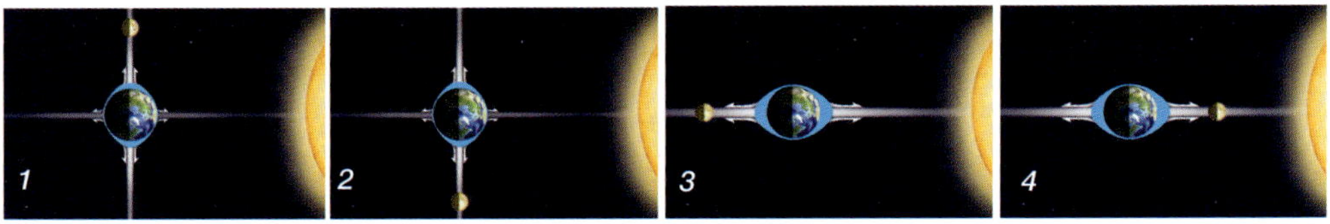

1 und 2:
Anziehungskraft von Sonne und Mond wirken gegeneinander, was schwächere Gezeiten bewirkt.
3 und 4:
Die Anziehungskraft von Sonne und Mond potenzieren einander, was stärkere Gezeiten bewirkt.

Da die Zentrifugalkraft der Erdumdrehung diese ausgleicht, entstehen zwei Flutberge, unter denen sich die Erde hinwegdreht. Da die Anziehungskraft des Mondes stärker ist, bestimmt vor allem seine Position die Gezeiten, wobei die Sonne diese verstärken bzw. schwächen kann.

Die Wassermassen der Ozeane folgen der Anziehungskraft des Mondes mit einer gewissen Verzögerung, die durch den Widerstand am Meeresgrund und an den Küsten verursacht wird.

Abgesehen von dieser Verzögerung ist die der Ebbe bei Aufgang des Mondes am niedrigsten. In den nächsten 6 Stunden und 12 Minuten steigt die Flut, woraufhin sie genauso lange wieder zurückgeht, während der Mond untergeht. Die Flut erreicht ihren nächsten Höhepunkt, wenn der Mond den 180° gegenüberliegenden Meridian überschreitet. Nach einem solchen Doppelzyklus von Ebbe und Flut von etwa 24 Stunden und 50 Minuten erreicht der Mond nach etwas mehr als einer Erdumdrehung wieder denselben Meridian.

Einfluss der Gezeiten

Der Einfluss der steigenden Flut wirkt sich auf folgende Arbeiten am günstigsten aus

- zum Ausgleich der Kräfte des absteigenden Mondes bei der Aussaat
- beim Veredeln
- beim Pflügen schwerer Erde
- für einen lockeren Komposthaufen
- für die Ernte bei abnehmendem Mond

Der Einfluss der sinkenden Flut ist günstig für folgende Arbeiten

- zum Ausgleich der Kräfte des aufsteigenden Mondes bei der Aussaat
- beim Pflanzen
- beim Pflügen lockerer Erde
- beim Düngen mit Mist
- beim Holzfällen
- für die Ernte bei zunehmendem Mond

Die Einflüsse der Gezeiten sind um etwa eine Stunde phasenverschoben. Dies ist vergleichbar mit einer Schaukel, die noch weiterschwingt, wenn sie nicht mehr angestoßen wird. In den Weltmeeren variieren die Gezeiten daher auch stark mit der Wassertiefe und der Küstenform. Der Einfluss der steigenden Flut setzt etwa eine Stunde nach Auf- bzw. Untergang des Mondes ein und dauert bis etwa eine Stunde nach dem Überschreiten des jeweiligen Meridians. Zu Beginn und Ende dieser Phase ist dieser Einfluss noch relativ gering, weshalb sie für spezifische Arbeiten nicht relevant ist. Durch den zusätzlichen Einfluss der Sonne sind Morgenflut und Abendebbe stärker. Dies kommt besonders bei Neu- und Vollmond zur Geltung.

Genaue Zeiten der Flut sowie des Auf- und Untergangs des Mondes finden Sie auf den **Notizseiten** (siehe Seite 99):
Der **Aufgang** des Mondes ist blau, der **Untergang** schwarz gekennzeichnet.
Der Beginn des Einflusses der **steigenden Flut** ist grün und der der **sinkenden Flut** schwarz gekennzeichnet.
Wie im übrigen Kalender sind alle Zeiten der Notizseiten in Lokalzeit angegeben. Unter der Internetadresse www.calsky.com können Sie die genauen Zeiten für Ihren Wohnort erfahren.

Aufgrund der geographisch bedingten Zeitverschiebungen werden den Angaben der Nullachse (München) z. B. in Wien 20 Minuten abgezogen, in Köln hingegen 20 Minuten hinzugefügt.

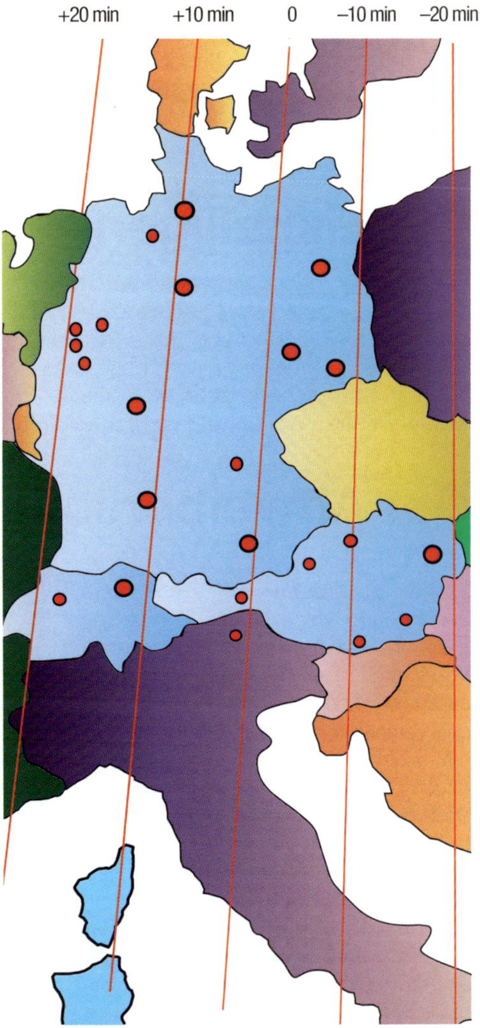

Wetter

Die Beobachtung kosmischer Ereignisse (Planetenaspekte, Energiefelder von Luftmassen, Sonnenausbrüche usw.) lassen gewisse Schlüsse auf Klimatendenzen zu. Bei Aspekten zwischen Sonne und Pluto steigen die Temperaturen im Allgemeinen, während sie bei Aspekten der Sonne mit dem Saturn fallen.

Die Eisheiligen

Die Eisheiligen oder „gestrengen Herren" verdanken ihren Namen dem häufigen Kälterückfall in der Zeit vom 11. bis 13. Mai (Mamertus, Pankratius, Servatius), mancherorts auch noch bis zum 14. und 15. Mai (Bonifatius und „kalte Sophie"). In vielen Gegenden ist hier der letzte Frühlingsfrost zu verzeichnen, wenngleich dieses Phänomen sich in den letzten Jahren immer weiter in den Norden zu verschieben scheint. **2024 ist in dieser Phase nach den Planetenaspekten eine mehr oder weniger starke Abkühlung wahrscheinlich.**

Der Altweibersommer

In den Tagen um den 11. November erfährt unser Klima oft eine späte Erwärmung, weshalb die Franzosen diese Zeit auch als „Martinisommer" bezeichnen. Wie bei den Eisheiligen auch ist dies der Schwanengesang der Vorsaison, die sich hier noch einmal Aufmerksamkeit verschafft. Aber heuer dürfte der Altweibersommer eher regnerisch und windig ausfallen. **In diesem Jahr sind die Planetenkonstellationen während dieser Zeit sehr ungewöhnlich, ja sogar widersprüchlich. Während es in einigen Regionen schön sein sollte, sind in anderen exzessive Schlechtwetterperioden zu erwarten.**

Die chinesischen Jahreszeiten

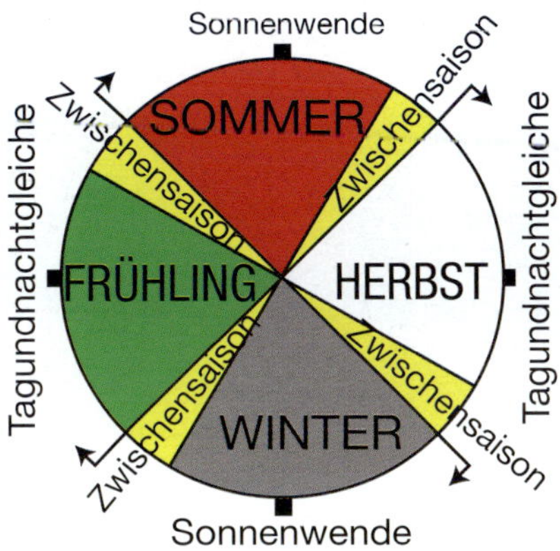

Das traditionelle chinesische Jahr zählt 12 Monate zu je 29 oder 30 Tagen, die immer an Neumond beginnen. Etwa jedes dritte Jahr wird ein dreizehnter Monat eingefügt, sodass der Jahresbeginn immer in den chinesischen Frühling, also zwischen den 21. Januar und den 20. Februar, fällt. Letzterer wird jedoch von der Sonne bestimmt und beginnt zwischen Wintersonnenwende und Frühlingstagundnachtgleiche. Zwischen jeder Jahreszeit liegt eine Zwischensaison von 18 Tagen, um den Übergang zu einer anderen Energie zu ermöglichen. Das Gesetz der 5 Elemente (Holz, Feuer, Erde, Metall, Wasser) und alle daraus folgenden Schlüsse stellen die Grundlage der gesamten chinesischen Kultur und auch ihrer Medizin dar (siehe unten). In jener kommt der Prophylaxe unter Berücksichtigung der Energierhythmen und -prozesse ein großer Stellenwert zu. Dabei wird versucht, den Schwachstellen eines jeden Menschen zum richtigen Zeitpunkt entgegen zu wirken. Die Akupunktur kennt dazu eine ebenso einfache wie wirkungsvolle Methode: Sie behandelt Organe in der Zwischensaison vor der ihnen entsprechenden Jahreszeit. Das Wissen um die chinesischen Jahreszeiten dient also besonders jenen, die sich mit der Energieheilkunde beschäftigen.

Am 10. Februar 2024 beginnt das chinesische Neue Jahr des Holzdrachen

17. Januar um 9 Uhr: Beginn der Zwischensaison
4. Februar um 9 Uhr: Beginn des chinesischen Frühlings
17. April um 9 Uhr: Beginn der Zwischensaison
5. Mai um 2 Uhr: Beginn des chinesischen Sommers
20. Juli um 2 Uhr: Beginn der Zwischensaison
7. August um 2 Uhr: Beginn des chinesischen Herbstes
20. Oktober um 0 Uhr: Beginn der Zwischensaison
6. November um 23 Uhr: Beginn des chinesischen Winters

Sie finden diese Daten auch in den Monatskurven auf den Seiten 72–95.

ELEMENTE	HOLZ	FEUER	ERDE	METALL	WASSER
JAHRESZEIT	Frühling	Sommer	Zwischensaison	Herbst	Winter
HIMMELSRICHTUNG	Osten	Süden	Mitte	Westen	Norden
ORGAN	Leber	Herz	Milz	Lunge	Niere
VERDAUUNG	Gallenblase	Dünndarm	Magen	Dickdarm	Blase
GESCHMACK	Sauer	Bitter	Süß/mild	Herb/scharf	Salzig
FARBE	Blaugrün	Rot	Gelb	Weiß	Schwarz
SINNE	Sehsinn	Sprache	Geschmack	Geruch	Gehör
EMOTIONEN	Wut	Freude	Überlegung	Traurigkeit	Angst
ENERGIEN	Wind	Hitze	Feuchtigkeit	Trockenheit	Kälte

Geobiologie

Die Geobiologie ist die Lehre der verschiedenen Erdenergien, Erdstrahlen, unterirdischen Wasserläufe, Spalten usw., die alles Leben – von den Pflanzen über die Tiere bis hin zum Menschen – beeinflussen.

In den letzten 50 Jahren gelang es Physikern und Radiästhesisten, bestimmte Einflüsse aufzuzeigen, die ein Ort bzw. der Erdboden auf das Wachstum und Verhalten von Pflanzen, Tieren und Menschen haben kann. Die Forscher Hartmann und Curry entdeckten verschiedene elektromagnetische Gitternetze.

Eine Pflanzung auf einer Kreuzung von Erdstrahlen schwächt: Der Baum windet oder spaltet sich, neigt zu Krebsgeschwüren und hat einen geringeren Fruchtertrag.

Das sogenannte „**Hartmanngitter**" überzieht den Erdball gleich einem Fischernetz mit 20 cm breiten Streifen, die in der Nord-Süd-Achse 2 m und in der Ost-West-Achse 2,50 m voneinander entfernt sind. Ihre Auswirkungen sind nicht nur auf die Erdoberfläche selbst beschränkt, sondern auch noch in den obersten Etagen höchster Bauwerke vorhanden.

Die Linien des „**Currygitters**" sind 30–40 cm Zentimeter breit, weisen jedoch keine regelmäßigen Abstände auf. Viele Tiere (wie Hunde, Rinder, Pferde, Schweine, Rotwild, Wildschweine usw.) meiden besonders die Kreuzungen solcher Linien, während Katzen mit Vorliebe darauf schlafen. Ameisen bauen ihre Haufen und Schwalben ihre Nester über ihnen.

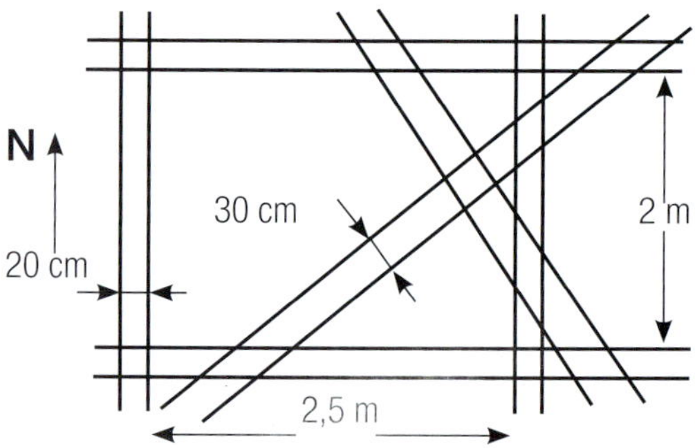

Menschen sollten vermeiden, sich allzu lange an solchen Orten aufzuhalten. Deshalb ist es wichtig, den Ort des Bettes, des Büros, aber auch des Lieblingssofas richtig zu wählen. Wir können davon ausgehen, dass Menschen, aber auch viele Pflanzen, die lange Zeit über solchen „Knoten" verweilen, über kurz oder lang dadurch geschwächt oder gar krank werden.

Wir sollten diese Umstände bedenken, wenn wir Bäume oder Büsche pflanzen und Behausungen für unsere Haustiere einrichten.

Vielleicht haben Sie selbst bereits Beobachtungen zu diesem Punkt angestellt. All diese Gitter können ohne größere Schwierigkeiten nach einer kurzen Einführung mittels einer Rute, eines Pendels, einer Hartmannantenne oder auch mit den bloßen Händen bestimmt werden.

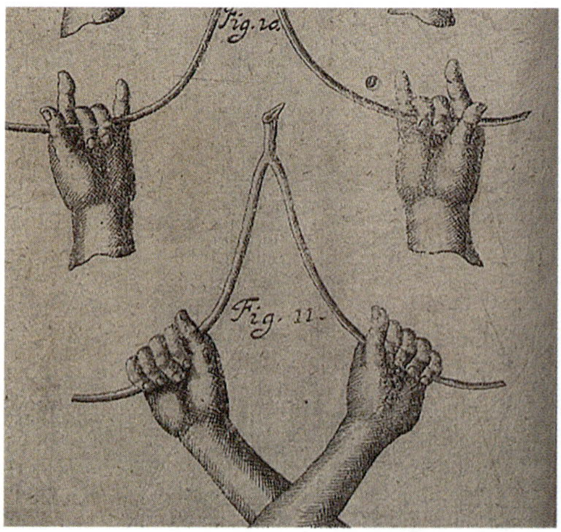

ARBEITEN MIT DEM MOND

Jedes Mal, wenn wir die Erde bearbeiten, beeinflusst dies die bereits von der Pflanze erhaltenen „Informationen", weshalb wir besonders darauf achten sollten, ob wir eher die Blätter, Wurzeln, Blüten oder die Früchte einer Pflanze begünstigen wollen. Dieses Kapitel bietet überdies wichtige Hinweise für alle, die Permakultur praktizieren.

Neben dem Mond vor den Sternbildern (Wurzeln, Blätter, Blüten, Früchte) berücksichtigen die Angaben in den Monatskurven (Seiten 72–95) auch Einflüsse wie Planetenaspekte, Mondknoten, Sternzeichen, Flut usw.

Der Boden

Im Wald finden wir das beste Beispiel für einen perfekten Boden. Die Biomasse erzeugt ständig neuen Humus, der den Boden düngt und riesigen Bäumen ermöglicht, ohne menschliches Zutun zu gedeihen. Waldböden sollten unserer Landwirtschaft daher als Modell dienen.

AUSSAAT UND MOND

Damit die Aussaat von den besten Mond- und Planeteneinflüssen profitieren kann, ist es wichtig, sie zu einem Zeitpunkt vorzunehmen, der dem Teil der Pflanze entspricht, den Sie ernten möchten (Früchte, Wurzeln, Blüten oder Blätter, siehe Liste auf S. 130), da eine Pflanze während ihrer Entwicklung ihre Aktivität mehr auf das Organ konzentriert, das mit der Konstellation in Verbindung steht, vor der der Mond zum Zeitpunkt der Aussaat stand. Bei Tomaten beispielsweise ist es daher ratsam, die Samen an einem „Fruchttag“ zu säen, d. h. zu einem Zeitpunkt, an dem der Mond vor einem Sternbild des Feuers (Widder, Löwe, Schütze) steht. Die Pflanze wird dann ihre Entwicklung stärker auf die Fruchtbildung konzentrieren und einen höheren Ertrag erzielen. Werden die Tomaten hingegen vor einem anderen Sternbildtyp ausgesät, wird sie ihre Energie stärker auf die Teile konzentrieren, die mit diesen Sternbildern in Verbindung stehen, und somit eine weniger ertragreiche Ernte produzieren. Werden Tomaten am „Blatttag“ (der dem Element Wasser entspricht) ausgesät, besteht sogar die Gefahr, dass sie mehr Pilzkrankheiten entwickeln.

Unsere Versuche haben gezeigt, dass die Aussaat hauptsächlich von den Konstellationen beeinflusst wird, aber auch Planetenaspekte, der Zyklus des zunehmenden/abnehmenden Mondes und andere Faktoren spielen eine wichtige Rolle bei der Aussaat. Es ist also die Synthese aller verschiedenen Mond- und Planeteneinflüsse, die es ermöglicht, wirklich den günstigsten Zeitpunkt für eine Aussaat zu bestimmen. Die Kurven auf Seite 72 bis 95 bieten eine Synthese in der Zeile „Anbau“, wobei je mehr Sterne, desto günstiger der Zeitraum.

Entgegen einer weit verbreiteten Meinung ist es nicht gerechtfertigt, nur bei zunehmendem Mond zu säen. Unsere Versuche haben uns tatsächlich gezeigt, dass der Zyklus des auf- und absteigenden Mondes nur einen geringen Einfluss auf die Aussaat hat. Es wird sogar davon abgeraten, Pflanzen, die, wie Salat oder Zwiebeln, leicht austreiben, bei aufgehendem Mond zu säen. Für die Aussaat von Sommersalaten ist es zum Beispiel besser, den abnehmenden Mond mit einem „Blätterdatum“ mit möglichst vielen Sternen zu kombinieren. Dadurch wird die Saatbildung verzögert.

Die Wahl des Aussaatdatums ist entscheidend für gute Ergebnisse. Wenn dieses Datum jedoch nicht kontrolliert werden kann (Kauf von Setzlingen, Wetter ...), können durch das Pikieren, Hacken ... zu einem guten Zeitpunkt bestimmte positive Einflüsse teilweise „wiedergewonnen“ werden.

DER IDEALE BODEN LEBT

Zahlreiche Lebewesen tragen zum Gleichgewicht des Bodens bei. Sie wandeln organische und mineralische Stoffe um, sodass sie direkt von den Pflanzen aufgenommen werden können. Unzählige Mikroorganismen spielen eine wichtige Rolle bei der Umwandlung organischer Materie in Erde. Das gilt auch für Regenwürmer, die Humus erzeugen, der der Pflanzenwelt als Nahrungsspeicher dient.

Die komplexe Fauna der Böden ist also unabdingbar für ihre gute Qualität, weshalb sie durch Zufuhr frischer organischer Stoffe am Leben erhalten werden muss, um die Fruchtbarkeit der Erde zu gewährleisten oder zu verbessern.

BODENBEDECKUNG

Auch im Herbst ist der Wald „vorbildlich". Waldboden ist nie nackt. Er wird immer durch neues Laub und andere organische Stoffe genährt und bleibt daher auch immer fruchtbar. Walderde wird nie bearbeitet, ist aber ständig bedeckt. Für gute Böden sollten wir versuchen, dem Waldprinzip zu folgen, indem wir sie mit organischen Stoffen bedecken, wann immer dies möglich ist. Die Fruchtbarkeit unseres Bodens hängt vom Leben ab, das er beherbergt. Bodenorganismen wollen jedoch genährt und geschützt sein. Eine Decke aus Pflanzenmaterial erfüllt genau diese beiden Bedingungen. In nackter Erde versickert Wasser viel schneller, die Sonne oxidiert die Erde und zerstört die Mikroorganismen an der Oberfläche. Solche Böden sind natürlich wesentlich anfälliger für Erosion und Verdichtung durch Unwetter. Auch dagegen schützt eine natürliche Bodenbedeckung. Der Boden kann mit Stroh, Rasen, Heu, Laub, Holzschnitzeln, Farn und diversen Gemüseabfällen bedeckt und genährt werden. Dabei darf jedoch das Gleichgewicht von Kohlen- und Stickstoff nie außer Acht gelassen werden. Während trockenes Material wie Heu oder fragmentiertes Zweigholz den Boden länger bedecken, sind frische organische Pflanzenreste reicher an Stickstoff. Beste Mulchergebnisse werden demnach durch ein Gemisch aus verschiedenen Stoffen erzielt, die den Boden zugleich bedecken und nähren. So kann frisches Gras z. B. recht gut mit trockenem Heu vermengt werden.

MULCHEN

Zum Mulchen können Stroh, Rasen (fein und getrocknet), gehäckselte Äste und Gestrüpp, Farn, Gemüse und Gartenabfälle und vieles mehr verwendet werden. Im Idealfall sollte der Boden immer bedeckt sein. Soll die Erde sich schneller erwärmen oder besteht Gefahr, dass Schnecken junges Saatgut fressen, sollte nicht zu früh im Frühling gemulcht werden. Im Sommer schützt die Mulchdecke jedoch vor Hitze und Verdunstung.

- Für gute Durchlüftung sollte der Mulch in den Perioden **a, b, c, d, i, j, k, l,**
- für raschere Kompostierung in den Perioden **r, s, t** ausgebracht werden. Dadurch wird der Boden schneller genährt (siehe Seiten 72–95).

GRÜNDÜNGER

Zwischen verschiedenen Anbauzyklen oder auch einzelnen Pflanzenreihen können Pflanzen gesät werden, die den Boden bereichern und zugleich vor Erosion und Oxidierung schützen, z. B. Klee, Phacelien, Raps, Senf, Hafer, Roggen, Buchweizen, Lein, Erbsen, Wicken, Spinat. Soll möglichst viel Blattwerk wachsen, wird an „Blättertagen", für einen lockeren Boden an „Wurzeltagen" gesät.

Kompost

Beim Kompostieren werden tierische und pflanzliche Abfälle durch einen Zersetzungsprozess in ein lebendes und leicht von den Mikroorganismen des Bodens aufnehmbares Produkt umgewandelt. Die Bestandteile müssen dazu richtig dosiert sein. Optimal ist eine Mischung aus Pflanzenabfällen und tierischen Exkrementen.

Zur Aktivierung ist es immer günstig, Brennnesseln (ohne Samen) oder Beinwell direkt oder in Jauchenform beizumischen. Guter Kompost muss während des Umwandlungsprozesses gut mit Sauerstoff versorgt werden, darf nicht zu kompakt sein und sollte am Ende locker sein und angenehm nach Humus riechen. Dazu sollte der Komposthaufen ein oder zwei Mal während des Reifungsprozesses umgestochen werden. Während Kompost in größeren Mengen in der Landwirtschaft besser in Haufen gereift wird, kann es im kleineren Rahmen eines Gemüsegartens durchaus auch von Vorteil sein, Pflanzen- und Gemüsereste direkt auszubringen. Frische organische Stoffe nähren die verschiedensten Bodenorganismen, insbesondere, wenn sie von einer Mulchschicht bedeckt sind. Diese Technik trägt nicht nur zur Fruchtbarkeit bei, sondern reduziert auch das Volumen nicht so stark, wie dies bei Komposthaufen der Fall ist, da beim Fermentierungsprozess viel Kohlendioxid freigesetzt wird. **Kompost und Mist werden am besten bei absteigendem Mond an den orangen Tagen ausgebracht.**
Zum Bearbeiten des Komposts ist der richtige Zeitpunkt von besonderer Bedeutung. In der untenstehenden Tabelle haben wir alle Faktoren für eine gute Komposterzeugung in Betracht gezogen.

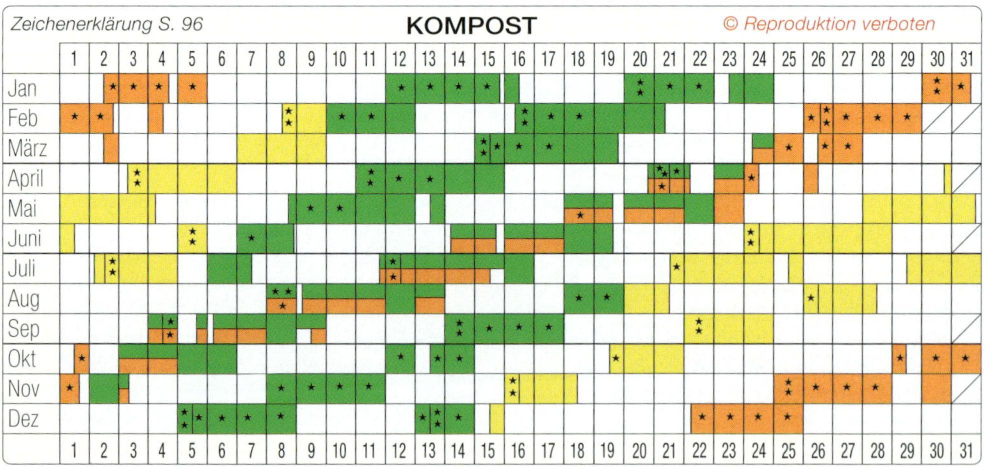

- Die grünen Tage eignen sich besonders für das Aufhäufen und Wenden des meist gewünschten stark hitzigen Komposts.
- Die gelben Tage sind dem weniger hitzigen Kompost vorbehalten.
- Die orangen Tage eignen sich für oberflächliche Kompostarbeiten.

Dünger

Düngemittel werden am besten bei absteigendem Mond ausgebracht. Wird durch Arbeit mit Gründüngern und Kompost das Gleichgewicht des Bodens gewahrt, erübrigt sich oft weiteres Düngen.

- **Mist und Kompost:** siehe Seite 26.

- **Pflanzenjauche:** siehe Seite 28.

- **Dünger:** Am besten in den Perioden n, o, r, s, t, u, v, w und, wenn möglich, bei zunehmendem Mond ausbringen.

- **Blattdünger:** In den Perioden a, b, c, d, e, f, i, j, k, l, m und, wenn möglich, bei abnehmendem Mond versprühen. Generell eignet sich hier der Vormittag besser, außer es ist heiß und trocken.

- **Schweinemist und Jauche:** Für bessere Aufnahme bei absteigendem Mond ausbringen. Um Verbrennungen des Gemüses durch diesen scharfen Mist zu vermeiden, sollte er bei aufsteigendem und, wenn möglich, zunehmendem Mond verteilt werden, und zwar am besten in den Perioden a, b, c, d, e*, f*, i, j, k, l, m*. Durch Zusatz von Lithotam (30 kg/t) wird die Säure reguliert; starke Hitze und Frost sind zu vermeiden.

- **Wurmkompost:** Die Verarbeitung von Kompost durch Regenwürmer ist einfach umzusetzen. Im Gegensatz zum kompakten Komposthaufen vermeiden sie den Verlust organischer Stoffe durch Gärung und begünstigen Mikroorganismen. Der nährstoffreichere Wurmkompost ist geruchsarm und kann daher auch innen erzeugt werden (Idealtemperatur 20 °C). So kann auch sehr fruchtbarer Flüssigdünger in Form von Kompostsaft hergestellt werden.

- **Komposttee:** Diese von Elaine Inghaim in den USA entwickelte Methode ermöglicht es, die im Kompost enthaltenen Mikroorganismen zu isolieren und zu vermehren. Werden sie auf Pflanzen gesprüht, breiten sie sich auf den Blättern aus und wirken schädlichen Mikroorganismen entgegen. Komposttee wird daher erfolgreich zur Pilzbekämpfung eingesetzt, aktiviert das Leben im Boden und ist ein ausgezeichneter Dünger.

Herstellung: In einem zu drei Vierteln mit Regen- oder Quellwasser gefüllten Fass werden in einem (400 Mikron) feinen Stoffsack 1 kg/50 l Wurmkompost (oder auch gut gereifter Haufenkompost) eingelegt. Für die Entwicklung aerober Mikroorganismen muss die Mischung ständig durch eine Pumpe mit mindestens zwei Luftausgängen versorgt werden, wovon ein Schlauch 24 Stunden lang in den Sack und der zweite ins Fass blasen sollte. Dem Wasser wird anfangs auch Biorohrzuckermelasse (125 g/50 l) als Nahrung zugesetzt, damit sich die Mikroorganismen bei einer Idealtemperatur von 22 °C schnell vermehren. Um die Wirksamkeit des Tees zu verbessern, kann auch ein Esslöffel Huminsäure, Algen (Spirulina, Chlorella etc.) oder Lebertran zugesetzt werden.

Anwendung: Früh am Morgen an den auf Seite 30 angeführten Daten mit der Herstellung beginnen und in 50%iger Verdünnung früh am nächsten Morgen versprühen. Monatlich wiederholen.

Pflanzenjauche und -tee

Pflanzliche Jauchen und Tees sind biologische Mittel zur Düngung und Krankheitsbekämpfung. Die bekanntesten werden aus Brennnessel und Beinwell hergestellt, doch können ebenso Schachtelhalm, Kamille, Ringelblume, Schafgarbe, Löwenzahn u. a. verwendet oder gemischt werden.

Zubereitung von Pflanzenjauche: Fast alle Pflanzen werden dazu auf die gleiche Weise verarbeitet. In einem Behälter aus Holz oder Ton, eventuell auch aus Plastik – nicht jedoch aus Metall –, werden etwa 1 kg der frisch gehackten Pflanzen mit 10 Teilen Wasser vermengt; sie gären dann 1 bis 4 Wochen. Gelegentliches Umrühren beschleunigt den Gärprozess. Vor der Verwendung wird die gefilterte Jauche mit 10 bis 20 Teilen Wasser verdünnt.

Tipp: Die Jauche ist leichter zu filtern, wenn die Pflanzen in Jutesäcken im Wasser eingelegt werden.

Brennnesseljauche: Brennnesseln enthalten sehr viel Stickstoff und Eisen. Soll mit Brennnesseln gedüngt werden, so werden diese 3 Wochen vergoren und mit 10 Teilen Wasser verdünnt, wenn die Jauche auf den Boden gegossen, aber mit mindestens 20 Teilen, wenn sie auf die Blätter gespritzt werden soll.

• Wird die Jauche als Vorkehrung gegen diverse Pilzkrankheiten eingesetzt, so soll sie nur 1 Woche gären und dann mit 15 bis 20 Teilen Wasser verdünnt werden. Frische Brennnesseln eignen sich ebenfalls zur Düngung und können z. B. vor dem Auspflanzen der Tomaten in die Pflanzlöcher gegeben werden.

Beinwelljauche: Beinwell ist reich an Pottasche und Bor und kann als Absud (ausgekocht) verwendet werden, um die Weiße Fliege zu bekämpfen. Vor allem hat er jedoch als Düngemittel (besonders bei Nachtschattengewächsen und Kürbissen) Bedeutung. Er kann entweder frisch auf dem Boden verteilt, verwelkt eingearbeitet oder aber auch als Jauche versprüht werden. Diese wird 2 bis 4 Wochen vergoren und dann mit 10 Teilen Wasser verdünnt auf den Boden oder in 20-facher Verdünnung direkt auf die Blätter gespritzt.

Kompostjauche: Diese Jauche wird hergestellt, indem 1 Teil fertiger Kompost mit 10 Teilen Wasser vermischt und 1 bis 2 Wochen vergoren wird. Wird sie auf das Blattwerk versprüht, ist sie besonders wirksam gegen Pilzkrankheiten. Sie tötet einerseits die Sporen der Pilze ab und stärkt andererseits das Immunsystem der Pflanze.

Herstellung von Pflanzenjauche

Aufgrund neuer Beobachtungen haben sich die für die Herstellung von Pflanzenjauche günstigen Termine zu einer einzigen Gruppe mit mehreren Terminen entwickelt.
Günstige Tage zur Herstellung sind im
MÄRZ: 13., 14.vm., 14.nm.*, 15., 16., 17.vm., 21.nm.*, 22., 23., 24. **APRIL:** 9.nm., 10., 11., 12.vm., 13.vm.*, 13.nm., 18.*, 19., 21., 23.vm. **MAI:** 8., 9., 10.nm., 15.*, 16., 17., 18.vm.*, 18.nm., 19.vm., 20. **JUNI:** 7.vm., 11.nm.*, 12., 13., 14., 15.vm., 16. **JULI:** 9.*, 10., 11.vm.*, 11.nm., 12., 13., 14.vm., 19.nm., 20., 21.vm. **AUGUST:** 5*, 6, 7, 8, 9.nm., 10, 16, 17, 18, 19. **SEPTEMBER:** 3., 4., 6.nm., 12., 13.vm., 13.nm.*, 14., 15., 16.vm. **OKTOBER:** 3., 4.vm., 9.nm., 10., 11., 12., 13.nm. (vm. = vormittags; nm. = nachmittags; am besten an Tagen mit *).
Beste Ergebnisse werden erzielt, wenn auch die steigende Flut (Seite 19) berücksichtigt wird.

Anwendung

- Düngejauchen werden am besten bei abnehmendem und, wenn möglich, aufsteigendem Mond angewandt.
- Gegen Pilzkrankheiten wird Jauche am besten bei absteigendem und, wenn möglich, abnehmendem Mond versprüht.

Wirkstoffe bestimmter Pflanzen können Krankheiten und Insektenbefall vorbeugen oder entgegen wirken. Sie werden als Jauche, Absud, Tee oder Mazeration verdünnt angewandt. Vor dem Versprühen 3 bis 5 Minuten umrühren. Der Strudel dynamisiert die Mischung.
Beispiel: Tee + 4 W = 1 Teil Tee verdünnt mit 4 Teilen Wasser = 20%ige Konzentration.

PFLANZEN ZUR PILZBEKÄMPFUNG

Bohnenkraut	Brennnessel	Meerrettich	Rainfarn	Schachtelhalm	Zwiebel

Tee + 4 W - Echter Mehltau - Rostkrankheit - Schorf	Jauche + 6 W - Echter Mehltau - Falscher Mehltau - Fruchtfäule	Absud + 4 W - Fruchtfäule - Kräuselkrankheit	Mazeration oder Tee + 4 W - Falscher Mehltau - Rostkrankheit	Mazeration (3–4 Tage) + 4 W - Echter Mehltau - Falscher Mehltau - Fruchtfäule	Tee + 4 W - Echter Mehltau - Falscher Mehltau - Kräuselkrankheit

PFLANZEN ZUR INSEKTENBEKÄMPFUNG

Farn	Holunder	Knoblauch	Rainfarn	Tomate	Wucherblumen

Jauche + 10 W - Schnellkäfer - Schorf	Tee + 4 W - Blattläuse - Flohkäfer - Fransenflügler	Mazeration (3–4 Tage) + 6 W - Blattläuse - Milben - Zwiebelfliegen	Absud + 6 W - Blattläuse - Milben - Zwiebelfliegen	Mazeration (3–4 Tage) + 6 W - Flohkäfer - Weißlinge	Mazeration (1 Tag) + 4 W - Blattläuse - Milben - Mottenschildläuse

PFLANZEN ALS INSEKTENREPELLENTIEN

Efeu	Kapuzinerkresse	Lavendel	Weinraute	Wermut	Wolfsmilch

Mazeration (3–4 Tage) + 10 W - Blattläuse - Milben - Mottenschildläuse	Absud + 3 W - Blattläuse - Milben - Zwiebelfliegen	Tee + 6 W - Ameisen - Blattläuse	Mazeration (6 Tage) + 1 W - Nagetiere	Tee oder Absud + 6 W - Blattläuse - Nacktschnecken - Weißlinge	Mazeration (5 Tage) + 6 W - Maulwürfe - Nacktschnecken

PFLANZEN ZUR PFLANZENSTÄRKUNG (Mikroorganismen und Abwehrkraft)

Beinwell	Brennnessel	Kamille	Klette	Löwenzahn	Schafgarbe

Tee oder Jauche + 6 W	Tee oder Jauche + 4 W	Absud + 10 W	Tee + 3 W	Tee oder Jauche + 4 W	Mazeration (2–3 Tage) + 4 W

Pilzkrankheiten

**In der Regel können Pilzkrankheiten durch ein gutes Bodengleichgewicht (gesunde Mikroorganismen und Wurzeln) vermieden werden.
Gute Bodenaktivität schützt die Pflanzen vor den meisten Erkrankungen.**

• Zur Pilzbehandlung wird am besten an den in der Tabelle auf Seite 31 angegebenen Daten gesprüht.

• Generell gilt ein leicht erhöhter Blatt-pH-Wert als sauer, was die Gesundheit der Pflanze fördert. Wasser mit einem pH-Wert von 5 bis 6 erhöht also die Wirksamkeit einer Behandlung. Dazu kann etwas Vitamin C oder Apfelessig beigemischt werden (nur nicht bei Natronbehandlungen). Den Säurewert mit pH-Streifen testen (siehe Wasser Seite 35).

ÄTHERISCHE ÖLE: Auf die Blätter gesprüht stimulieren sie die Pflanzen und beugen vielen Krankheiten vor. Gegen die Kräuselkrankheit beim Pfirsich kann eine Mischung aus Berg-Bohnenkraut- und Thymian-Öl verwendet werden. Diese Mischung wird vorbeugend auf das Laub gesprüht, sobald die Blätter austreiben. Dies kann mehrmals im Frühjahr wiederholt werden, vor allem nach Regenperioden, die die Entwicklung dieser Pilzkrankheit begünstigen.

KOMPOSTTEE (gegen Pilzkrankheiten)
Beste Daten zur Herstellung
MÄRZ: 5., 6., 7., 8., 13., 14.*, 15.*, 16.*, 17. **APRIL:** 2., 3., 4., 5., 10.*, 11.*, 12., 13.**, 29., 30. **MAI:** 1., 2., 7., 8.*, 9.*, 26., 27., 28.*, 29. **JUNI:** 3., 4., 5., 7., 22., 23., 24., 25. **JULI:** 1.*, 2., 3., 4., 20.*, 21.*, 22., 23., 28., 29., 30. **AUGUST:** 16.*, 17.*, 18.*, 19.*, 24., 25., 26. **SEPTEMBER:** 12.*, 13.*, 14.*, 15.*, 16., 21., 22.*, 24. (Zur Herstellung siehe Seite 27.)

PFLANZENEXTRAKTE (siehe Liste Seite 29): Für die folgenden Zubereitungen werden mindestens 100 g frischer Pflanzen auf einen Liter Regen- oder Quellwasser verwendet (d. h. 1 kg/10 l Wasser). Während die Jauche länger haltbar ist, sollten die anderen Mischungen in wenigen Tagen verwendet werden. Je nach Anwendung können sie direkt auf die Blätter gesprüht oder aber am Boden vergossen werden. Die beste Wirkung wird an den in der Tabelle auf der nächsten Seite angegebenen Tagen erzielt.

• **Pflanzenjauchen:** Siehe nächste Seite.

• **Pflanzentee:** Vor dem Erhitzen können die Pflanzen ein paar Stunden im Wasser ziehen. Vom Herd nehmen, sobald das Wasser köchelt. Vor dem Absieben zugedeckt abkühlen lassen.

• **Pflanzenabsud:** Die Pflanzen zugedeckt etwa 15 bis 30 Minuten lang köcheln lassen (je nachdem, wie holzig sie sind). Vor dem Absieben zugedeckt abkühlen lassen.

• **Pflanzenmazeration:** Die Pflanzen 1 bis 5 Tage kalt ziehen lassen, bevor sie gefiltert werden.

GRAPEFRUITKERNEXTRAKT ist ein ausgezeichnetes Pilzbekämpfungsmittel. Die Pflanzen mit einer Mischung aus 40 bis 50 Tropfen/l Regenwasser besprühen und alle 10–15 Tage und nach Regenfällen erneuern.

NATRON stimuliert und bringt kalkhaltige Böden wieder ins Gleichgewicht, was zahlreiche Krankheiten bekämpft. Einige Wochen vor der Aussaat in einer 20 bis 50 g/l Wasser Verdünnung bei Tau auf den Boden sprühen.

HOLZKOHLE hat eine reinigende Wirkung auf den Boden. Zur Vermeidung von Keimlingsfäule werden 100 bis 150 g/m² Pulver zermahlener (unbehandelter) Holzkohle vor der Aussaat verteilt.

Pilz- und Insektenbekämpfungsmittel

Im Sinne des Umweltschutzes und einer besseren Erntequalität raten wir zu natürlichen Mitteln. Hier kann neben den zuvor erläuterten Mitteln, Pflanzentee, -absud, -mazeration oder -jauche, auch mit Kompostjauche oder -tee vorgebeugt werden, die alle verdünnt auf die Blätter gesprüht werden.

Sowohl Pflanzenjauchen als auch Absud können mit Schwefelsulfat vermischt werden, um die Wirksamkeit zu erhöhen und die Dosis des letzteren zu verringern. In der Folge finden Sie die besten Daten für die Anwendung von Pilz- und Insektenbekämpfungsmitteln. So kann die Dosis (auch natürlicher Mittel) bei gleichbleibender Wirkung reduziert werden. Die folgenden Daten stellen eine Zusammenfassung der besten Aspekte für eine verstärkte Wirkung dieser Produkte dar. Je mehr Sterne bei einem Datum stehen, desto besser eignet es sich.

Zeichenerklärung S. 96

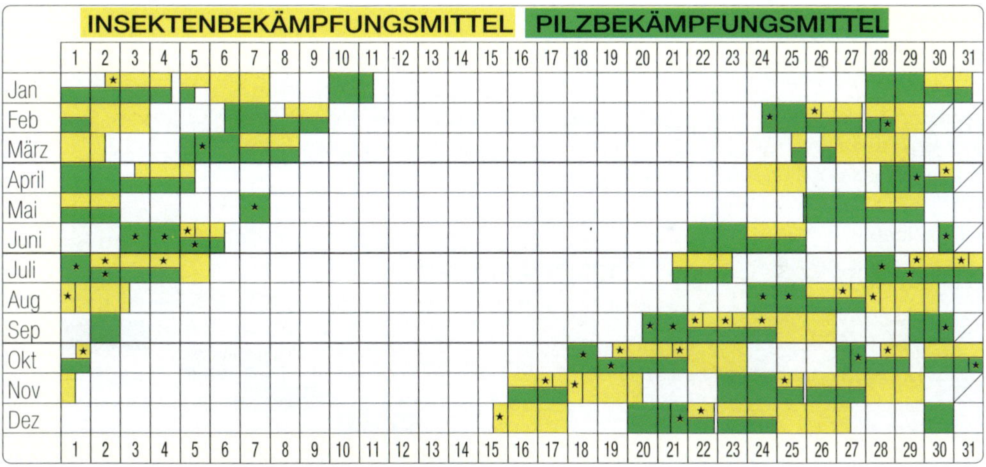

Gute Daten zum Versprühen von Insektenbekämpfungsmitteln, die frühmorgens oder abends am wirksamsten sind. Unsere Vergleichstests zeigten keinen wesentlichen Unterschied zwischen beiden. Da die Bienen morgens jedoch aktiver sind, empfehlen wir eher eine Behandlung am Abend.

Gute Daten zum Versprühen von Pilzbekämpfungsmitteln, die abends am wirksamsten sind.

SCHMIERSEIFE ist eines der wirksamsten und zugleich natürlichsten Mittel gegen Blattläuse. Dazu genügt ein Gemisch aus 5 Esslöffeln Schmierseife und 1 l lauwarmem Wasser. Morgens oder abends auf (und auch unter) die Blätter versprühen. Je nach Befall ein oder ggf. zwei Mal wiederholen.

Unkraut

Natur und Beschaffenheit des Bodens stehen in direkter Verbindung zu den dort wachsenden Pflanzen. Unkraut ist ein Zeichen für ein Ungleichgewicht des Bodens. Schlecht gedüngter, zu saurer oder zu fester Boden fördert Unkrautwuchs, der durch ein besseres Bodengleichgewicht im Zaum gehalten werden kann.

Unkraut ist ein recht relativer Begriff, da es keine unnützen Pflanzen in der Natur gibt. Jede Pflanze hat ihre Rolle und Aufgabe. Ein ausgewogener Boden trägt dazu bei, dass keine einzelnen Arten überhandnehmen. Unkraut ist also ein ausgezeichneter Indikator für die Bodenbeschaffenheit.

• KEIMFÄHIGKEIT BEGÜNSTIGEN

Im Mond vor bestimmten Sternbildern keimen Samen leichter und schneller. Diese Daten sollten also für ein falsches Saatbeet berücksichtigt werden. Wird der Boden an diesen Tagen bearbeitet, unterstützt dies das Aufkeimen von Unkrautsamen. Sie können völlig entfernt werden, wenn der Boden vor der echten Aussaat oberflächlich bearbeitet wird.

• KEIMFÄHIGKEIT MINDERN

Durch Bodenarbeit gelangen Unkrautsamen ans Licht und beginnen zu keimen. Bestimmte Mondeinflüsse können diese Keimbereitschaft mindern. Diese Daten sollten gewählt werden, wenn der Boden danach längere Zeit nicht bearbeitet werden kann.

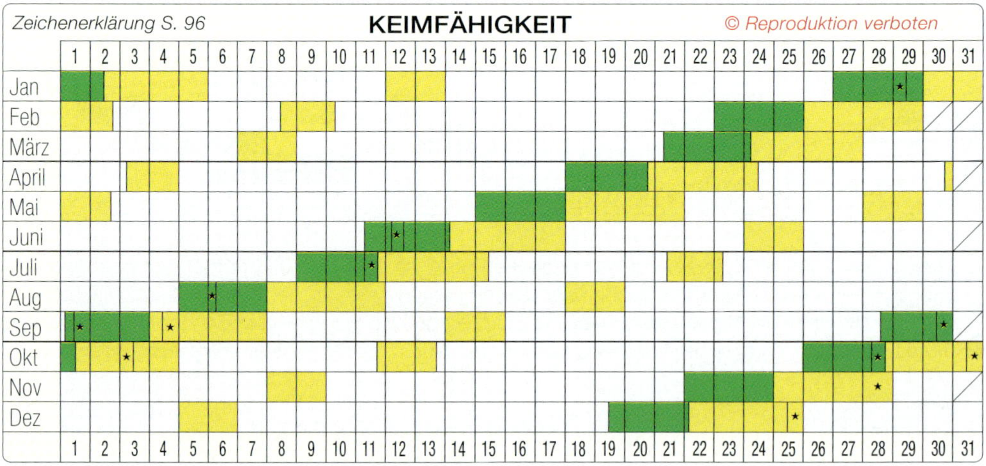

Begünstigt die Keimfähigkeit (falsches Saatbeet)

Mindert die Keimfähigkeit

• BEKÄMPFUNG VON MEHRJÄHRIGEM UNKRAUT

Disteln, Farn, Winden, wilder Sauerampfer usw. Um invasives Unkraut nachhaltig zu bekämpfen, sollte es zu den in der folgenden Tafel orange gekennzeichneten Zeitpunkten geschnitten oder ausgerissen werden.
Der Boden sollte nicht zu nass bearbeitet werden, um ihn nicht zu verdichten, was besonders den Wuchs von Disteln und Winden fördert.

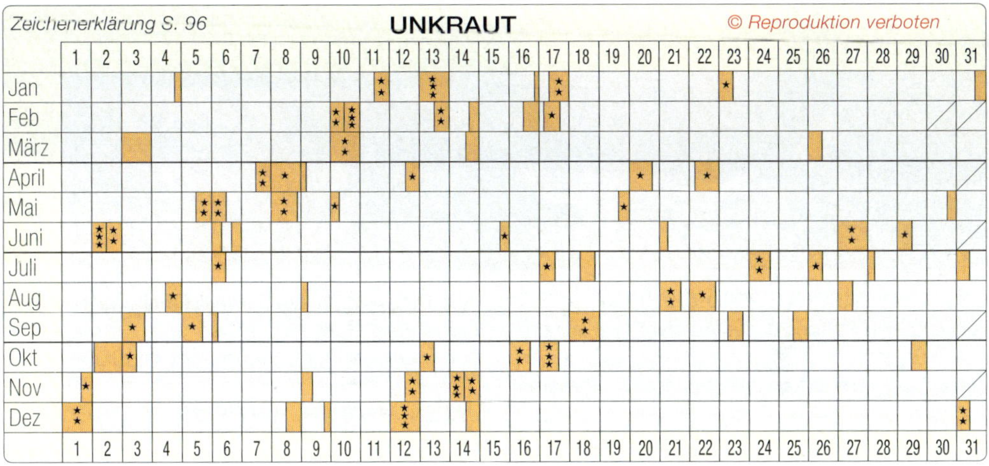

• BEKÄMPFUNG VON EINJÄHRIGEM UNKRAUT

Einjähriges Unkraut sollte unbedingt vor der Blüte eliminiert werden, um eine weitere Verbreitung zu verhindern. Es kann danach ohne Weiteres als natürliche Bodenbedeckung verwendet werden und so organische Nährstoffe zuführen.

AMBROSIA: Die aus Nordamerika stammende Ambrosia ist eine sehr invasive Pflanze, deren im Spätsommer freigesetzte Pollen für den Menschen hochallergen sind. Die Ambrosia entwickelt und vermehrt sich sehr leicht in zahlreichen Umgebungen (Acker- und Brachland, Straßenränder, Baustellen usw.) und ihr Verbreitungsgebiet nimmt von Jahr zu Jahr zu. Wenn Sie eine Ambrosiapflanze sehen, müssen Sie sie schnell entfernen.
Um die Pflanze besser zu identifizieren und ihren Standort zu melden, finden Sie alle Informationen auch auf Deutsch auf www.ambroisie-risque.info (Bildquelle Observatorium für Ambrosia)

DORNENGESTRÜPP und Brombeeren sollten an einem Perigäum (im Idealfall bei absteigendem Neumond, wie z. B. am 7. April oder am Vormittag des 10. März eliminiert werden.

Im Gemüsegarten

Jedes Mal, wenn wir die Erde bearbeiten, beeinflusst das die bereits von der Pflanze erhaltenen „Informationen“, weshalb wir besonders darauf achten sollten, ob wir dadurch eher die Blätter, Wurzeln, Blüten oder die Früchte einer Pflanze begünstigen wollen.

DAS GEWÜNSCHTE ENDRESULTAT ist für den richtigen Zeitpunkt der Aussaat von besonderer Bedeutung. So werden Radieschen an einem Tag mit einem Wurzelsymbol, Tomaten an einem „Fruchttag“, Spinat an einem „Blättertag“ und Brokkoli an einem „Blütentag“ gepflanzt (siehe Seite 98).

VERMEIDEN Sie die in den Monatskurven rot und durch (–) gekennzeichneten Zonen für jegliche Gartenarbeit (siehe Seiten 72–95).

AUSSAAT (siehe auch Seite 25)**:** Unsere Versuche haben gezeigt, dass die Aussaat hauptsächlich von den Konstellationen und Planetenaspekten beeinflusst wird und dass der ab- und zunehmende Mond eine größere Rolle spielen als der auf- und absteigende. Am besten wird in den Phasen ausgesät, die dem Ernteziel der Pflanze entsprechen (Wurzeln, Blätter, Blüten, Früchte). Die Sterne in der Anbaukurve sind eine Synthese der verschiedenen Mond- und Planeteneinflüsse (siehe Seite 71 ff.)

Eine Aussaat am Morgen ist ebenso vorteilhaft (siehe Tagesrhythmen auf der nächsten Seite).

Kann der ideale Zeitpunkt nicht eingehalten werden (Kauf von Setzlingen, Wetter ...), kann dies durch Pikieren und Bodenarbeit zum richtigen Zeitpunkt zum Teil wieder korrigiert werden.

AUSPFLANZEN UND PIKIEREN: Nachmittags bei absteigendem Mond, an dem Ernteziel entsprechenden Tagen (Frucht, Wurzel, Blüte, Blatt).

JÄTEN, HACKEN, HÄUFELN: Der Boden sollte an den dem jeweiligen Gemüse entsprechenden Tagen bearbeitet werden. Wurde Salat schon an einem Blättertag gesät, verstärkt dies noch den positiven Effekt. Ein unbekanntes oder ungünstiges Aussaatdatum kann dadurch wieder ausgeglichen werden.

- Bei trockenem Wetter: den Boden am Abend der mit b, e, f, j, n, o, s, u, v, w gekennzeichneten Phasen bearbeiten.
- Bei feuchtem Wetter: den Boden am Morgen der mit a, c, d, i, k, l, m, q, r, t gekennzeichneten Phasen bearbeiten.

GIESSEN: Um allzu oberflächliche Verwurzelung zu verhindern, gießt man seltener, aber dafür ausgiebiger. Der absteigende Mond eignet sich dafür ganz besonders gut. Am besten gießt man in den Perioden m, n, s, t, u, v, während die q-Tage gemieden werden sollten.

MULCHDECKE: Eine Mulchdecke schützt den Boden vor Trockenheit und Unkraut (siehe auch Seite 25).

BODENBEARBEITUNG: Es ist wichtig, den Boden zu lockern, ohne ihn jedoch dafür zu wenden (siehe Seite 24). Dafür gibt es heute eigene Grabegabeln (Aero- oder Grelinette-Gabeln)**.**

CHICORÉE: wird an „Wurzeltagen" gesät und gepflegt, um zunächst das Wurzelwachstum zu begünstigen. Dann erst werden die Pflanzen bei absteigendem Mond und an einem „Blättertag" ausgegraben, eingeschlagen und schließlich vorgetrieben, um schönen Chicorée zu bekommen.

ERDBEEREN: werden am besten in den Perioden q, r gepflanzt (siehe Seiten 72–95), wie zum Beispiel am 1. September 2024.

KARTOFFELN: Kartoffeln sollten an einem vom Perigäum möglichst weit entfernten „Wurzeltag" gepflanzt werden. Um Saatkartoffeln zu erhalten, sollten sie in den Perioden i, j gepflanzt werden. Um das Angrünen der Kartoffeln zu vermeiden, werden die Pflanzen am besten bei abnehmendem Mond an einem Wurzeltag und, wenn möglich, bei sinkender Flut angehäufelt.
Kartoffeln werden am besten bei abnehmendem Mond in den Perioden s, t, u entkeimt.

SALAT: Bis Juli sollte Salat bei abnehmendem Mond an einem Blättertag gesät werden, um das Schießen zu vermeiden. Im Herbst fällt die Energie ganz allgemein. Um diese Tendenz auszugleichen, kann Salat hier auch bei zunehmendem Mond, aber immer noch an „Blättertagen" gesät werden.

WASSER

Die Qualität des Wassers ist besonders wichtig für die Pflanzen. Leitungswasser ist leider manchmal gechlort, was weder den Bedürfnissen der Pflanzen noch der Mikroorganismen im Boden entspricht.

Gesunde Pflanzen weisen einen leicht sauren pH-Wert in den Blättern auf. Für Blattbehandlungen ist demnach Wasser mit einem pH-Wert zwischen 5 und 6 ideal. Das steigert die Wirksamkeit der Mittel und ermöglicht eine Verminderung der Dosis.

Regen- und Quellwasser sind meist eher sauer. Der pH-Wert kann mit Teststreifen und durch Zugabe von etwas Vitamin C oder Apfelessig reguliert werden.

„Dynamisiertes" Wasser ist in der Regel wesentlich stimulierender für Pflanzenwuchs als stehendes Wasser. Die Wirksamkeit einer Behandlung kann durch Umrühren des Wassers und eine gewisse Wirbelerzeugung erhöht werden.

Die Tagesrhythmen

Im Laufe eines Jahres wandeln sich die Energien der Erde mit den Jahreszeiten. Im Frühling steigt die Sonne, die Erde atmet gleichsam Energie aus; im Herbst, wenn der Lauf der Sonne immer tiefer sinkt, atmet die Erde wieder ein. Die Kräfte des aufsteigenden und absteigenden Mondes sind damit vergleichbar. Das Gleiche gilt aber auch für die Energien eines einzelnen Tages:

– Am Morgen steigt die Energie, die Erde atmet aus. Das ist die geeignete Zeit zu säen, bei feuchtem Wetter zu jäten oder Blatt- oder Fruchtteile zu ernten.

– Am Nachmittag sinkt die Energie und die Erde atmet ein. Jetzt pflanzen oder pflügen wir, jäten bei trockenem Wetter und ernten Wurzeln. Da die Mittagszeit (12–15 Uhr) in eine Umstellungsphase fällt, sollten hier wichtigere Arbeiten vermieden werden.

Fruchtwechsel

Jede Pflanze braucht Nährstoffe in unterschiedlicher Menge. Je nach Bedarf suchen die Wurzeln sie in den verschiedenen Erdschichten. Wird immer dieselbe Pflanzenart oder -familie an derselben Stelle angebaut, so stört dies nicht nur das natürliche Gleichgewicht des Bodens, dem bestimmte Stoffe völlig entzogen werden, sondern es treten auch vermehrt Schädlinge, Krankheiten und Unkräuter auf.

Beim Fruchtwechsel geht es darum, den Anbau von Pflanzen verschiedener Vegetationszyklen und Bedürfnisse aufeinanderfolgen zu lassen, damit der Boden sich wieder regenerieren kann und nicht ausgeblutet wird. Gut gedüngte und reiche Böden benötigen zwar weniger Fruchtwechsel, doch sollte man in der Regel zwischen drei und fünf Jahre verstreichen lassen, um den Anbau von Gemüse an derselben Stelle zu wiederholen. Von dieser Regel sind Pflanzen mit kurzen Vegetationszyklen (wie z. B. Salat, Spinat oder Radieschen) ausgenommen. Bei anderen jedoch, die mehrere Jahre an einer Stelle bleiben (wie z. B. Artischocken, Erdbeeren oder Spargel), muss diese Zeitspanne natürlich verlängert werden. Tomaten bilden hier eine Ausnahme, da sie gern mehrere Jahre an derselben Stelle wachsen.

Der Rotationsanbau folgt drei Regeln:

DIE ERSTE REGEL unterteilt die Pflanzen in Gruppen nach dem Ernteziel Wurzel, Blatt, Blüte und Frucht. So wird auf einer Parzelle ein Jahr „Fruchtgemüse", das Jahr darauf „Blütengemüse", dann „Blattgemüse" und schließlich „Wurzelgemüse" gezogen. Es können auch mehrere Schritte in einem Jahr geschehen, indem z. B. Gründünger eingeschoben wird. Neben dem Fruchtwechsel sollten jedoch auch die Pflanzenbeziehungen beachtet werden, die wir auf Seite 126 unter dem Punkt „Günstige und ungünstige Nachbarn" zusammengefasst haben.

Beispiel für eine Parzelle über 4 Jahre:

1) Kürbispflanzen, Mais, Bohnen
2) Blumenkohl oder Gründünger, wie Klee, Phacelien oder Wicke, der zur Blütezeit eingearbeitet wird.
3) Kohl, Spinat, Salat, Lauch etc.
4) Kartoffeln, Sellerie, Rote Rüben, Zwiebeln oder Karotten.

DIE ZWEITE REGEL besagt, keine Pflanzen derselben Familie aufeinanderfolgen zu lassen. Die wichtigsten Arten sind:

- Doldenblütler: Karotten, Kerbel, Pastinaken, Petersilie, Sellerie.
- Gänsefußgewächse: Mangold, Rote Bete, Spinat.
- Hülsenfrüchte: Erbsen, Bohnen, Klee, Linsen, Luzerne, Saubohnen, Soja.
- Korbblütler: Artischocken, Chicorée, Endivien, Löwenzahn, Salat, Topinambur.
- Kreuzblütler: alle Kohlarten, Kresse, Rettich, Senf, Steckrüben.
- Kürbisgewächse: Gurken, Kürbisse, Melonen, Zucchini.
- Nachtschattengewächse: Kartoffeln, Auberginen, Paprika, Peperoni, Tomaten.

DIE DRITTE REGEL berücksichtigt schließlich den Bedarf einer Pflanze an Nährstoffen. So ist es vorteilhaft, einem Anbau von Starkzehrern ein Gemüse folgen zu lassen, das ohne oder mit wenig zusätzlichem Dünger auskommt.

- Starkzehrer: Fenchel, Lauch, Mais, Auberginen, Kartoffeln, Kohl, Paprika, Sellerie, Spinat, Tomaten.
- Schwachzehrer: Bohnen, Feldsalat, Kerbel, Knoblauch, Rettich, Salat, Saubohnen, Schalotten, Zwiebeln.
- Mittelzehrer: Alle anderen Gemüsearten gelten als mittlere Nährstoffverbraucher.

Ernte

Wenn Sie Obst und Gemüse zu bestimmten Zeiten ernten, verbessert sich die Haltbarkeit. Die günstigsten Erntezeiten sind in der Zeile „Ernten“ der Kurven (Seite 72–95) mit grünen Sternen für die oberirdischen und gelben Sternen für die unterirdischen Teile gekennzeichnet.

In der Regel sollte Wurzelgemüse bei absteigendem Mond und oberirdisches Gemüse bei aufsteigendem Mond geerntet werden. Dabei sollten Perigäen, Mondknoten und Tage mit Gewittertendenz vermieden werden; bei leicht verderblichem Obst und Gemüse auch der Mond vor Sternzeichen und -bildern des Wassers (Krebs, Skorpion und Fische) (siehe Seiten 72–95).

WURZELGEMÜSE sollte bei absteigendem Mond geerntet werden, damit es fester bleibt und nicht so schnell keimt.

Der absteigende Mond verlangsamt den Reifungsprozess und verlängert dadurch die Lagerfähigkeit. Nur Knoblauch, Zwiebeln und Schalotten ziehen eine Ernte bei absteigendem und zunehmendem Mond vor.

OBERIRDISCHE PFLANZENTEILE halten sich länger. Obst bleibt saftiger und ist reichhaltiger, wenn es bei aufsteigendem Mond geerntet wird. Gute Erntephasen sind im Kalenderteil mit grünen Sternen gekennzeichnet.
Rot wie mit f markierte Zonen sollten gemieden werden, weil sie Fäulnis bewirken können.

Leicht verderbliches Obst, wie Kirschen, Erdbeeren oder Pfirsiche, sollte, wenn möglich, bei absteigendem und abnehmendem Mond geerntet werden.

Hokkaido und wenig haltbare **Kürbissorten** werden am besten an folgenden Tagen geerntet:
AUGUST: 5., 6.*, 7.*, 8., 9., 10., 16.*, 17.*, 18., 19., 24.*, 25.*, 26., 27., 28.vm.
SEPTEMBER: 1., 2.*, 3.*, 4.*, 6.nm., 12.*, 13.*, 14., 15., 16.vm., 20.nm.*, 21.*, 22.*, 23., 24.vm., 28.nm., 29.*, 30.*.
OKTOBER: 1.*, 3.nm., 4.vm., 9.nm.*, 10.*, 11.*, 12., 13., 18.*, 19.*, 20., 21., 26.*, 27.*, 28.*.
(vm. = vormittags; nm. = nachmittags; am besten an Tagen mit *)

GEMÜSE FÜR DEN TÄGLICHEN VERZEHR, wie Salat, Küchenkräuter, grüne Bohnen, Radieschen usw., werden am besten morgens und nicht kurz vor dem Genuss geerntet. Morgentau ist voller Energie und schenkt dem Gemüse zusätzliche Vitalkraft. Salat ist dann z. B. frischer und knackiger.

EINFLUSS DER GEZEITEN AUF DIE ERNTE: Auch wenn es nicht immer möglich ist, alle positiven Einflüsse zu vereinen, sollte bei zunehmendem Mond besser bei sinkender Flut, bei abnehmendem Mond eher bei steigender Flut geerntet werden (siehe Seite 19).

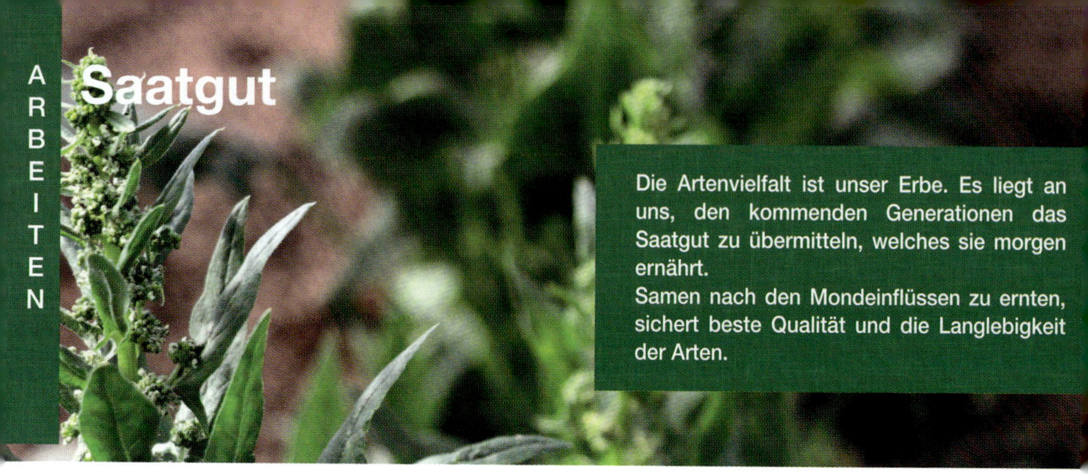

Saatgut

Die Artenvielfalt ist unser Erbe. Es liegt an uns, den kommenden Generationen das Saatgut zu übermitteln, welches sie morgen ernährt.
Samen nach den Mondeinflüssen zu ernten, sichert beste Qualität und die Langlebigkeit der Arten.

Samen werden am besten bei trockenem Wetter und zunehmendem Mond von gesunden Pflanzen gesammelt, die einen normalen Vegetationszyklus hinter sich haben (also z. B. nicht von frühzeitig geschossenen Salaten). Beste Ergebnisse werden erzielt, wenn die Wirtspflanze zum richtigen Zeitpunkt gesät, bearbeitet und geerntet wurde (Salate an einem Blättertag, Tomaten an einem Fruchttag, Karotten an einem Wurzeltag usw.).

Ernte von Tomatensamen: Am besten an einem Fruchttag bei Erntebeginn eine schöne, reife Tomate von einer gesunden Pflanze pflücken. Am nächsten Tag werden die Samen mit ihrem Saft und etwas Wasser in eine Schüssel gegeben und ein, zwei Tage bei Zimmertemperatur vergoren, was eventuelle Viren eliminiert. Danach auswaschen und trocknen. Tomaten z. B. am 19. und 20. Juli erntern.

Ernte von Bohnensaat: Schöne Bohnenpflanzen an einem Fruchttag ausreißen und an einem gut gelüfteten, trockenen Ort mit den Wurzeln nach oben zum Trocknen aufhängen. Danach werden die Bohnen in einem verschlossenen Behälter einige Tage eingefroren, um Bohnenkäfern entgegenzuwirken.

Zeichenerklärung S. 96 **ERNTE VON SAATGUT**

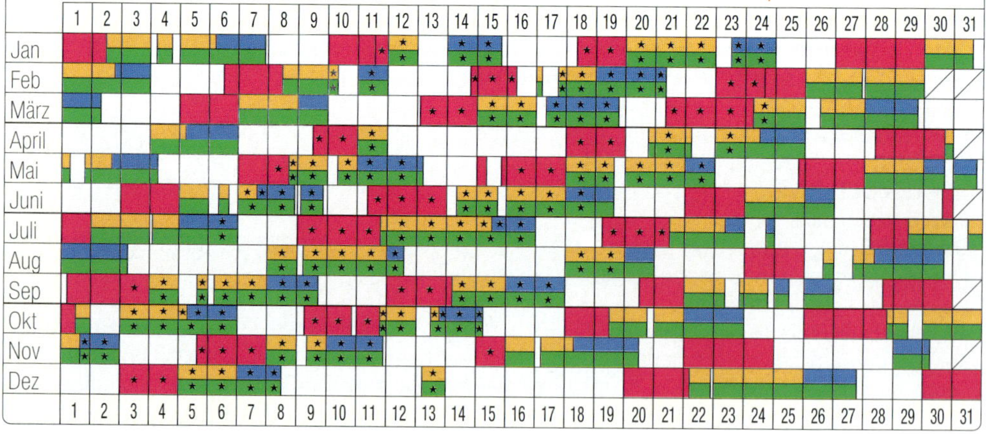

Gute Tage zur Saatgewinnung von Gemüse mit Ernteziel:

- Früchte
- Wurzeln
- Blüten
- Blätter
- Tage, die vermieden werden sollten.

Heilpflanzen sammeln

Die Mondzyklen beeinflussen nicht nur Haltbarkeit und Geschmack, sondern auch die medizinischen Eigenschaften von Pflanzen. Bestimmte Daten eignen sich besser zur Ernte oberirdischer, andere zur Ernte unterirdischer Pflanzenteile.

Zunehmender Mond: Je voller der Mond, desto mehr Lebenskraft steckt in einer Pflanze. Ihre Heilwirkung ist jedoch geringer.

Abnehmender Mond: Je näher wir dem Neumond kommen, desto mehr konzentrieren sich die Essenzen der Pflanzen, wodurch ihre Wirk- und Aromastoffe verstärkt zum Ausdruck kommen. Pflanzen, die zu dieser Zeit gesammelt werden, behalten ihre Heilkraft länger.

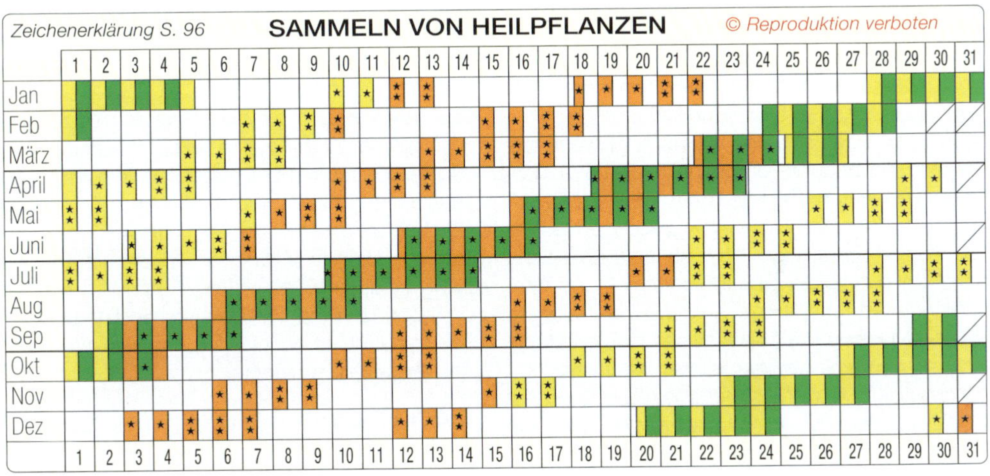

Sammeln von Blüten (Johanniskraut, Kamille, Ringelblumen usw.): Am besten vormittags, wenn die Kraft der Pflanze sich in ihren oberirdischen Teilen konzentriert.

Sammeln von Baumfrüchten/-blüten (Sanddorn, Tannenknospen, Lindenblüten usw.): Am besten vormittags bei aufsteigendem und, wenn möglich, zunehmendem Mond.

Sammeln von Wurzeln (Enzian, Löwenzahn, Beinwell usw.): Am besten nachmittags, wenn die Kraft der Pflanze sich in ihren unterirdischen Teilen konzentriert.

Obst- und Ziergehölze

Der Zeitpunkt von Pflanzungen und Schnitt von Obstbäumen hat einen starken Einfluss auf die Ernte. So fördert ein Baumschnitt bei absteigendem Mond z. B. die Entwicklung des Obstes, während bei aufsteigendem Mond der Holzwuchs gefördert wird.

VERMEIDEN sollte man für alle folgenden Arbeiten die rot und mit – in den Monatskurven (Seiten 72–95) gekennzeichneten Tage.

PFLANZEN am besten bei **absteigendem Mond**, wobei Quadraturen des Mondes mit Sonne, Mars oder Saturn (siehe Seiten 14–17) vermieden werden sollten.

- **Obstbäume und Ziersträucher** werden bei absteigendem Mond gepflanzt. Bei zunehmendem Mond wird bei sinkender Flut, bei abnehmendem Mond und bei steigender Flut gepflanzt (siehe Seiten 19 und 99).
- **Laubbäume und -sträucher:** Obwohl die meisten Laubbäume durchaus auch unter den oben genannten Bedingungen gepflanzt werden können, sollten schnell wachsende Bäume wie Pappeln und Ahorn eher bei aufsteigendem und, wenn möglich, abnehmendem Mond und sinkender Flut gepflanzt werden. Dies mindert zwar die Holzqualität, lässt diese Bäume jedoch schneller und mit weniger Knoten wachsen.
- **Nadelbäume** werden bei absteigendem und abnehmendem Mond gepflanzt. Dies gilt vor allem für Nadelbäume mit oberflächlicher Wurzelbildung, wie z. B. Fichten, die dadurch tiefere Wurzeln schlagen können. Auch hier sollten die oben angeführten negativen Daten gemieden werden.

Herbst- oder Frühlingspflanzung? Da die kalten Wintermonate vermieden werden sollten, besteht die Wahl zwischen Herbst oder Frühling. Ist kein ganz besonders strenger Winter zu befürchten, so ist die Herbstpflanzung vorzuziehen. Wird im Frühling gepflanzt, so muss der Baum im Sommer öfter gegossen werden.

VEREDELUNG: In jedem Fall bei **aufsteigendem Mond** an einem Fruchttag (eventuell auch an einem Blütentag) veredeln. Das sogenannte Edelreis wird im Januar oder Februar bei aufsteigendem Mond abgenommen und in einem feucht-kühlen Sandbett gelagert.

- **Kronenveredelung:** Sie ist in der Regel der Veredelung durch Rindenpfropfen vorzuziehen, das oft Baumkrebs und Schorfbefall nach sich zieht. Erst wenn der zu veredelnde Baum blüht und in vollem Saft steht, wird die Krone an einem „Fruchttag" bei aufsteigendem Mond, wie z. B. am 2. oder 10. April, durch das Pfropf- oder Edelreis ersetzt.
- **Augenveredelung:** Sie wird im August beim zweiten Saftschub bei aufsteigendem Mond an einem „Fruchttag", wie z. B. am 17. August, durchgeführt. Für optimalen Saftstand sollte der Baum in den zwei Wochen vor der Veredelung gut gegossen werden. Das Auge wird mit der umliegenden Rinde und ausreichend darunterliegendem Holz abgenommen, um den Ausbruch des Auges zu verhindern.

STECKLINGE

Im Idealfall werden Stecklinge bei Ende des aufsteigenden Mondes abgenommen und bei Beginn des absteigenden Mondes in die Erde gesteckt. Auch hier sollten die oben angeführten Störfaktoren gemieden werden.

ABSENKEN gegen Frühlingsende bei absteigendem Mond ermöglicht vegetative Vermehrung durch Wurzelbildung am Bodenkontakt von Ästen. Beste Ergebnisse werden im Sternbild der Jungfrau ♍ und des Skorpions ♏ bei zunehmendem Mond erzielt. Auch hier sollten die oben angeführten negativen Daten gemieden werden.

Gehölzschnitt

In der Regel werden Bäume bei absteigendem Mond geschnitten. Eine Ausnahme stellt der Erziehungsschnitt an jungen Bäumen dar, deren Holz schneller wächst, wenn sie bei aufsteigendem Mond geschnitten werden.
Auch hier sollten die oben angeführten Störfaktoren und besonders kalte Tage gemieden werden.

- **Obstbäume und -sträucher** werden bei absteigendem und, wenn möglich, abnehmendem Mond und bei steigender Flut geschnitten.

- **Laubbäume** werden bei absteigendem und, wenn möglich, abnehmendem Mond geschnitten.

- **Nadelbäume** werden bei absteigendem und, wenn möglich, zunehmendem Mond geschnitten – nur Zypressen und Feuerdorn besser bei abnehmendem Mond schneiden.

- **Ziergehölze** werden bei absteigendem Mond geschnitten. Alle abgestorbenen und kranken Äste sowie die Wildtriebe werden an einem „Blütentag“ bei absteigendem Mond am Stamm weggeschnitten. Die schönen Äste werden oberhalb einer seitlichen Knospe eingekürzt.

Altholzblüher (wie Stockrosen, Forsythien, Flieder usw.) gleich nach dem Verblühen schneiden.

Jungholzblüher (wie Schmetterlingsflieder, Abelien usw.) nach der großen Kälte am Frühlingsanfang ziemlich kurz schneiden.

Tipps für den Schnitt: Beim Schnitt wird der Astansatz wie im Bild belassen, da die Vernarbung über diesen Rindenwulst verläuft. Ein exakter Schnitt am Wulst vermeidet Krankheiten an der verheilenden Stelle.

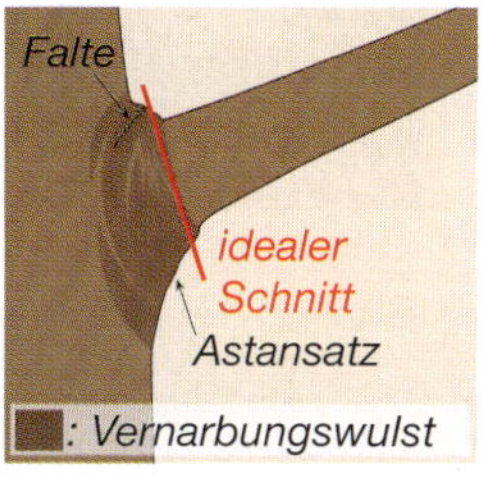

PERIODEN FÜR DEN GEHÖLZSCHNITT

– Im Winter starken Frost vermeiden! –

Apfel: Dezember bis März
Aprikose*: Dezember bis März
Birne: Dezember bis März
Esskastanie: Dezember bis März
Feige: Dezember bis März
Haselnuss: Dezember bis März
Kirsche*: Juli, August, nach der Ernte
Mandarine: März bis Mai
Mandel: Januar, Februar
Mirabelle*: August bis März, nach der Ernte
Mispel: Dezember bis März
Olive: März bis Mai
Orange: März bis Mai
Quitte: Dezember bis März
Pfirsich: Dezember bis März
Kaki: Dezember bis März
Walnuss*: Oktober, November, nach der Ernte
Zitrone: März bis Mai
Zwetschke*: August bis November, nach der Ernte

* Sollten nicht zu streng geschnitten werden, weil sie den Schnitt schlecht vertragen.

Der Apfelbaumschnitt

Das natürliche Gleichgewicht eines Baums: Jeder Baum entwickelt eine Krone, die in etwa seinem Wurzelgeflecht entspricht. Der in den Wurzeln gewonnene Saft ist also dem Laubvolumen an den Ästen angepasst. Werden zu viele Äste geschnitten, wird der Baum durch starkes Austreiben reagieren, um dieses Gleichgewicht durch Holztriebe, sogenannte Wasserreiser, wieder herzustellen. Daraus ergibt sich schon einmal eine ganz einfache Grundregel: Je mehr geschnitten wird, desto mehr Holz wird der Baum erzeugen.

Beobachtung und Vorbeugung: Das Schneiden von Ästen stresst jeden Baum. Je jünger die Äste sind, desto geringer und problemloser ist der Eingriff. Daher sollten Bäume regelmäßig und aus allen Winkeln beobachtet werden, um spätere Großeingriffe vorbeugend durch „Erziehungsschnitte" zu vermeiden.

Möglichst geringer Schnitt: Es vergehen 3 Jahre, bis eine Knospe zu einem fruchttragenden Ast geworden ist. Jeder Schnitt verzögert auch das Fruchten, denn ein Baum, dessen Energie sich auf die Obstproduktion konzentriert, erzeugt zugleich auch weniger Jungholz. Nach einem starken Schnitt hingegen wird auf demselben Baum mehr Holz als Obst wachsen.
- Schnitt: Äste werden etwa 5 mm über einem nach außen zeigenden Auge schräg geschnitten, damit Regenwasser auf der anderen Seite der Knospe ablaufen kann.

Luftige Mitte: Die Äste sollten weit genug auseinanderstehen, dass auch das Innere des Baumes genug Licht bekommt. Auch Paralleläste sollten nicht zu eng neben anderen gelassen werden.

Die Fruchtknospe: Das letzte Auge bestimmt auch das Wachstum der Frucht und kann so die Holzbildung bremsen. Wird es entfernt, führt dies zu verstärktem Holzwachstum. Um den Obstwuchs zu fördern, sollte also unbedingt darauf geachtet werden, dass der Schnitt über einer Fruchtknospe erfolgt.

Holztriebe: Wie oben erläutert, fördert der Schnitt das Holzwachstum in Form von Reisern, die am besten früh eliminiert werden. Wartet man damit bis zum eigentlichen Winterschnitt, sind sie bereits verholzt, und es werden neue an derselben Stelle gebildet. Um dies zu vermeiden, werden sie am besten bereits im Juni mit der Hand an der Basis ausgerissen, solange sie noch weich sind. Die Wunden vernarben schneller und die Bildung neuer Triebe an derselben Stelle wird verhindert.

Schlussfolgerung: Obstbäume lieber nicht als schlecht schneiden. Schlechter Schnitt beeinträchtigt nicht nur den Fruchtertrag, sondern kann den Baum auch nachhaltig schädigen und Krankheiten eindringen lassen, was schlussendlich die Lebenserwartung des Baums beeinträchtigt. Richtiger Schnitt setzt eine gewisse Kenntnis voraus, um nicht irgendwelche Äste irgendwie zu schneiden, und bedarf auch einer regelmäßigen Analyse des Wachstums, um zu erkennen, welche Äste später stören bzw. überflüssig sein könnten.

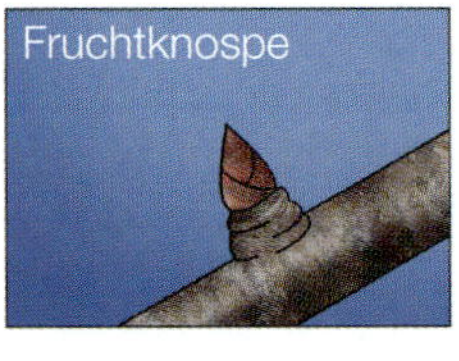

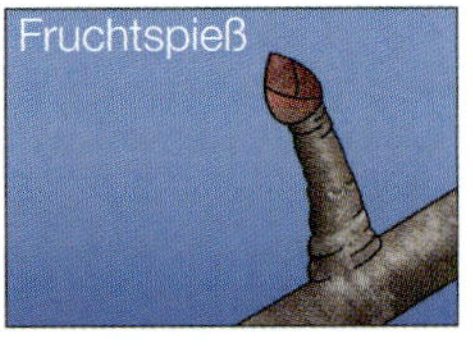

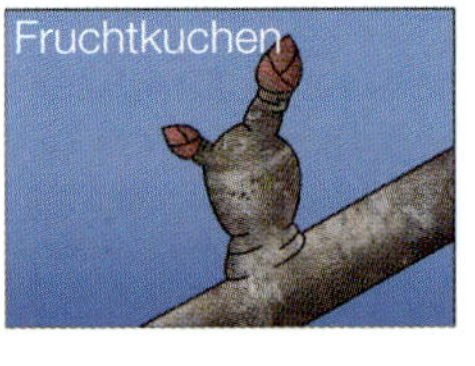

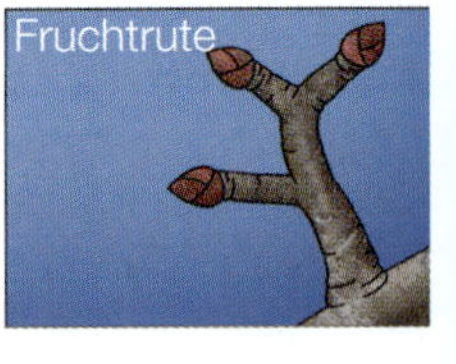

Fruchtholz sollte also nach Möglichkeit erhalten werden, ganz gleich, ob es sich hierbei um Fruchtspieße, -ruten oder -kuchen handelt. Auch das Fruchtholz, welches direkt am Hauptgerüst des Baumes wächst, sollte belassen werden. Es trägt meist wesentlich mehr Obst, weil es näher am Hauptsaftstrom liegt.

Obststräucher

Johannisbeeren, Himbeeren, Brombeeren, Kiwi ...

Stecklinge
Stecklinge werden im Herbst am letzten Tag des aufsteigenden Mondes in etwa 15 cm Länge vom Jahresholz abgenommen und im Dutzend, zusammengehalten durch ein Gummiband, einen Tag lang in einer Plastiktüte im Gemüsefach des Kühlschranks aufbewahrt. Am nächsten Tag, dem Beginn des absteigenden Mondes, werden sie schräg, in einem Winkel von etwa 45°, fast zur Hälfte eingegraben. Sobald sie im Frühling die ersten Blätter tragen, werden die Ableger **bei absteigendem Mond** vorsichtig aus der Erde gezogen und in Töpfe mit angereichertem Torfmull gesetzt. Einige Wochen später werden die nunmehr reichlich bewurzelten Stecklinge ausgesetzt. Es wurde festgestellt, dass gebündelte Ableger eine bessere Wurzelbildung aufweisen, da dadurch die Hormontätigkeit angeregt wird.

Pflanzen: Im Herbst bei absteigendem Mond, um die Wurzelbildung zu fördern. Im Frühling sollte erst nach dem letzten starken Frost gepflanzt werden.

Schnitt: Immer bei absteigendem Mond.

Johannisbeeren
An frostfreien Frühlingstagen werden die ältesten Zweige bei absteigendem Mond geschnitten, um die Mitte der Staude auszulichten. Um den Wuchs zu verdichten, können „magere" Büsche um ein Drittel eingekürzt werden.

Himbeeren
Einmaltragende: Das abgeerntete Altholz auf Bodenhöhe schneiden, um Krankheiten vorzubeugen. Im Frühling werden die schwachen Jungtriebe entfernt. Die übrigen können in verschiedener Höhe (zwischen 15 und 100 cm) gekürzt werden, um die Ernteperiode zu verlängern. Die langen Triebe tragen früher als die kurzen.

Zweimaltragende (zwei Ernten im Jahr): Nach der ersten Ernte die abgeernteten Triebe auf Bodenhöhe schneiden, um Krankheiten vorzubeugen. Im März werden die schwachen Jungtriebe entfernt. Die übrigen Triebe werden auf 60 bis 80 cm gekürzt.

Brombeeren
Nach der Ernte die abgeernteten Triebe auf Bodenhöhe schneiden, um Krankheiten vorzubeugen. Im Winter werden die schwachen Jungtriebe entfernt und nur fünf bis sieben Triebe pro Stock gelassen. Die Seitenäste werden auf etwa 20 cm gekürzt.

Kiwi
Im Februar werden die Äste drei Augen über der letzten Fruchtstelle gekürzt. Ein oder zwei Triebe können auf Bodenhöhe geschnitten werden, um den Neuwuchs zu stimulieren. Anfang Juli und abermals im August werden die Äste vier Blätter über den letzten Früchten geschnitten.

Im Ziergarten

VERMEIDEN sollte man für alle folgenden Arbeiten die rot und mit – in den Monatskurven gekennzeichneten Tage.

TOPFPFLANZEN

- **Gießen** von Pflanzen, die nur alle ein bis zwei Wochen gegossen werden müssen:
  - Grünpflanzen an einem „Blättertag";
  - Blumen an einem „Blütentag".

- **Blattreinigung:** Pflanzen weisen länger Staub ab, wenn sie zwischen Neu- und Halbmond an einem Blättertag – wenn möglich im Sternbild des Krebses oder des Skorpions – gereinigt werden.

UMTOPFEN im Frühling, allenfalls im Spätsommer bei absteigendem Mond in einen größeren Topf.

- Grünpflanzen an einem „Blättertag" im Sternbild des Krebses oder Skorpions;
- Blumen an einem „Blütentag" im Sternbild des Zwillings oder der Waage.

SCHNITTBLUMEN halten länger, wenn sie bei zunehmendem Mond, besonders im zweiten Viertel, gepflückt werden.

AUSPFLANZEN bei absteigendem Mond.

AUSSAAT am besten an einem Blumentag mit möglichst vielen Sternen (siehe Seiten 72–95).

BLUMENZWIEBELN bei Mond im Sternbild der Waage pflanzen.

DÜNGER am besten bei absteigendem und zunehmendem Mond ausbringen, wobei Feuerzeichen vermieden werden, bei denen Dünger Pflanzen „verbrennt".

STECKLINGE von gesunden Mutterpflanzen werden etwa 15 cm kurz unter einer Knospe schräg von blütenlosen Zweigen geschnitten. Alle Blätter, außer den letzten zwei bis drei, werden entfernt. Sind diese Blätter besonders groß, sollten sie halbiert werden, um Verdunstung zu vermeiden. In Blumenerde stecken, gießen und fest andrücken. Die Blätter von Stecklingen benötigen viel Feuchtigkeit, weshalb sie öfter mit Wasser besprüht werden sollten. Auch die Erde sollte feucht, aber nicht nass gehalten werden. Die Temperatur sollte über 15 °C liegen. Stecklinge werden im Idealfall zum Ende des aufsteigenden Mondes abgenommen und bei Beginn des absteigenden Mondes gepflanzt.

ABSENKEN bei absteigendem Mond ermöglicht vegetative Vermehrung durch Wurzelbildung am Bodenkontakt von Ästen. Beste Ergebnisse werden im Sternbild der Jungfrau und des Skorpions bei zunehmendem Mond erzielt.

KNOLLEN ZUM ÜBERWINTERN werden am besten im Herbst bei absteigendem Mond an einem Blumentag ausgegraben.

SCHNITT VON ZIERSTRÄUCHERN siehe Seite 41.

BLATTLÄUSE siehe Schmierseife Seite 31.

Rosen

Gegen Pilzkrankheiten und für mehr und schönere Rosen hat sich die Behandlung mit Komposttee als besonders wirksam erwiesen (siehe Seiten 27 und 30).

VERMEIDEN sollte man für alle folgenden Arbeiten, die rot und mit – in den Monatskurven gekennzeichneten Tage.

PFLANZEN am besten im Herbst bei absteigendem Mond. Wurzelnackte Rosen sind dabei Topfrosen vorzuziehen, weil sie leichter anwachsen. Die zuvor in mit Dünger und Humus angereicherten Lehmschlamm getauchten Wurzeln werden so gepflanzt, dass die Veredelungsstelle noch freigelegt bleibt. Das Pflanzloch wird mit Blumenerde und reifem Kompost angefüllt, ausgiebig gegossen und angedrückt. Rosen gedeihen am besten in windgeschützter, sonniger Lage.

UMPFLANZEN sollte man ebenfalls im Herbst bei absteigendem Mond. Vor allem die Triebe, aber auch Wurzeln werden dabei zurückgeschnitten.

KOMPOST sollte regelmäßig bei absteigendem Mond oberflächlich eingebracht werden, da Rosen als Starkzehrer dem Boden rasch die Nährstoffe entziehen. Dies verlängert das Leben des Stockes.

ROSENSCHNITT: Wählen Sie einen „Blütentag“ bei absteigendem Mond. Je stärker Rosen geschnitten werden, desto stärker treiben sie aus. Daher werden stark wachsende Rosen etwas länger belassen als schwächer wachsende Arten. Das letzte Auge sollte dabei immer nach außen zeigen. Wählen Sie einen Blütentag bei absteigendem Mond.

Öfterblühende Rosen werden im November von schwachen, kranken Zweigen und verblühten Blüten und Früchten befreit. Von den starken Trieben wird schon jetzt ein Drittel entfernt, damit sich die Wurzeln erholen können. Kompost sollte oberflächlich eingearbeitet werden. Der Frühlingsschnitt erfolgt, wenn die Forsythien blühen. Zu dieser Zeit hat sich der Boden so weit erwärmt, dass keine größeren Frostschäden mehr zu befürchten sind. Die Mitte des Stocks wird ausgelichtet, wobei drei bis sieben äußere Haupttriebe gelassen werden und auf zwei bis fünf Seitenaugen zurückgeschnitten wird.

Einmalblühende Rosen kann man im Frühling in Form bringen. Der Hauptschnitt erfolgt dann nach der Blüte. Bei allen Strauchrosen werden im Frühjahr die zwei bis drei Jahre alten Triebe unten abgeschnitten. Altes Holz ist krankheitsanfällig und bringt keine schönen Blüten mehr. Die jungen Triebe werden um ein Viertel reduziert, vor allem in der Mitte des Stocks. Im Herbst wird etwas Kompost oberflächlich eingearbeitet.

BLÜTEN werden während des ganzen Jahres entfernt, wenn sie verblüht sind, um die Blüteperiode zu verlängern. Dazu wird der Trieb schräg über dem nächsten Blattansatz geschnitten.

ROSENVEREDELUNG: Die Okulation (Augenveredelung) wird am besten an „Blütentagen“ durchgeführt. Es sollte so tief wie möglich an der Grenze zwischen Weiß- und Grünholz, d. h. zwischen Wurzelhals und Spross, veredelt werden, um die Bildung von Wildtrieben zu vermeiden.

STECKLINGE werden im September im Idealfall gegen Ende des aufsteigenden Mondes abgenommen und bei Beginn des absteigenden Mondes gepflanzt.

Hecken

Hecken sind wichtig für das Ökosystem. Sie unterstützen die Biodiversität, schützen vor Wind, verbessern die Bodenbeschaffenheit und verhindern Erosion.
Mischhecken sind ökologisch sinnvoller und weniger anfällig für Krankheiten.

Mischhecken kommen natürlichen Hecken und Gestrüpp am nächsten und entsprechen Boden und Umwelt am besten. Bei Monokulturhecken ist dies wesentlich weniger der Fall. Ihre Vorteile (schnelles Wachstum, Platzgewinn, Sichtschutz usw.) machen die Nachteile (Anfälligkeit für Krankheiten, Ungleichgewicht der Böden und verminderte Biodiversität) nicht wett.

PFLANZEN bei absteigendem Mond, wenn auch hier die rot und mit – in den Monatskurven (Seiten 72–95) gekennzeichneten Tage gemieden werden sollten. Eine Herbstpflanzung ist vorzuziehen, weil die Büsche dann besser für den nächsten Sommer gewappnet sind. Wird im Frühling gepflanzt, so sollte der Frost gemieden und die Hecke im Sommer mehr gegossen werden.

SCHNEIDEN bei absteigendem und, wenn möglich, abnehmendem Mond. Auch hier sind die oben genannten Negativzonen zu vermeiden. Junge Hecken können auch bei aufsteigendem Mond gepflanzt werden, wenn schnelleres Wachstum gewünscht wird.

KRANKHEITSVERHÜTUNG: Durch vorbeugendes Besprühen mit Pflanzenjauche oder, noch besser, mit Komposttee (siehe Seiten 27 und 30) kann der Krankheitsanfälligkeit von Monokulturhecken effizient entgegengewirkt und zugleich gedüngt werden.

PERIODEN FÜR DEN GEHÖLZSCHNITT
– Im Winter starken Frost vermeiden! –

Blumenhecken: nach der Blüte
Glanzmispeln: Februar, März, nach der Blüte
Hainbuche: Februar, März
Liguster: Juli, August, nach der Blüte
Lorbeer: März bis Mai/September, Oktober
Ölweiden: Februar, März
Haselnuss: Januar, Februar, Anfang März
Thujen: April, Mai/September, Oktober
Zypressen: April, Mai/September, Oktober

DATEN FÜR DEN HECKENSCHNITT
Generell sollten Hecken bei absteigendem Mond geschnitten werden, doch auch hier gibt es besonders gute Daten:
JANUAR: 1., 2., 3., 5., 6., 7., 8.nm., 9., 26., 27., 28., 29., 30., 31.vm. **FEBRUAR:** 1., 2., 3., 5., 6., 25., 26., 27., 28., 29. **MÄRZ:** 1., 4., 25.nm., 26.nm., 27., 28., 29.vm., 30., 31. **APRIL:** 24., 25., 26., 27.nm., 28.vm. **MAI :** 24. vor 16 Uhr, 25. **JULI:** 5. **AUGUST:** 1.nm., 2., 3.nm., 4.vm., 29., 30.vm., 31. **SEPTEMBER:** 1., 2., 26., 27., 28., 29., 30. **OKTOBER:** 1., 22., 23., 25., 26., 27., 28., 29.vm., 30., 31. **NOVEMBER:** 1.vm., 19., vom 21. bis 29. **DEZEMBER:** vom 16. bis 29. (vm. = vormittags; nm. = nachmittags)

Rasen

Der Einfluss des Mondes kann das Wachstum des Grases beschleunigen oder aber verlangsamen. Die Wahl des richtigen Zeitpunkts kann also viel Arbeit ersparen und lässt den Rasen schöner und dichter gedeihen.

Man sollte nicht systematisch und auch nicht zu früh im Frühling mähen, da viele nützliche Insekten diesen Lebensraum zur Entwicklung brauchen. Nach dem Winter brauchen auch Bienen die Blumen, die natürlich in der Wiese wachsen. Wenn wir auf die Hilfe von Tieren und Insekten in unserem Gemüsegarten zählen wollen, dann müssen wir ihnen auch einen gewissen Lebensraum zugestehen, in dem sie sich ungestört ausbreiten können. Wir können dazu sogar noch mehr tun, indem wir honigproduzierende Wiesenblumen säen.

AUSSAAT bei abnehmendem Mond an einem Blätter- oder eventuell auch Wurzeltag, wenn möglich, bei absteigendem Mond.

GUTE DATEN ZUR AUSSAAT VON GRAS
SEPTEMBER: 19.*, 20.vm.*, 22., 24. vor 16 Uhr, 27.**, 28.vm.**
OKTOBER: 1.nm.*, 19.nm., 20. vor 16. Uhr, 21., 24.nm.**, 25.**, 29.vm.*, 30.*, 31.vm.*
(vm. = vormittags; nm. = nachmittags; am besten an Tagen mit *)

AUFLOCKERN am besten bei aufsteigendem Mond an Blütentagen.

MÄHEN FÜR LANGSAMERES UND DICHTERES GRASWACHSTUM

mittel | gut | sehr gut | ★ ausgezeichnet

In dieser Zeit gemäht, wächst der Rasen schneller nach.

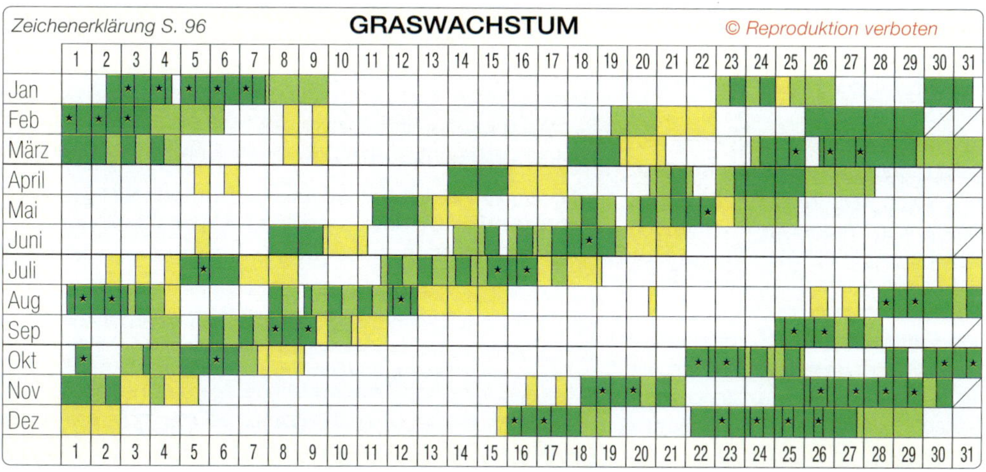

Wiesen und Heu

Wiesen reifen je nach Region und Höhenlage früher oder später. Muss früh gemäht werden, eignen sich die unter Frühheu vorgeschlagenen Tage am besten. Sind die Ähren bereits gebildet, wird an den „Qualitätstagen" gemäht.

Scheint keine Sonne, so sind die Stomata (Spaltöffnungen an den Blättern) mehr oder weniger geschlossen. Wird jetzt gemäht, so ist die Verdunstung der Blattfeuchtigkeit langsamer und das Heu braucht länger zum Trocknen. Scheint jedoch vor dem Mähen schon ein, zwei Tage lang die Sonne, so sind die Stomata weit geöffnet, was den Trocknungsprozess zusätzlich beschleunigt. Außerdem steigt der Zuckergehalt des Grases durch die Sonne. Nicht nur die Haltbarkeit, sondern auch der Nährwert des Heus (Zucker und Eiweiß) und die Verdaulichkeit werden durch das Mähen bei Sonne verbessert. Wird etwa 7 cm hoch gemäht, trocknet das Heu leichter, weil es nicht direkt auf dem Boden liegt und besser durchlüftet wird. Der Ernteverlust durch den relativ hohen Schnitt wird durch die bessere Heuqualität und den Umstand wettgemacht, dass die Wiese schneller nachwächst.

• **Zeitpunkt der Heuernte:** Es liegt auf der Hand, dass Gras je nach Region und Höhenlage unterschiedlich reift. Wird Heu relativ früh geerntet, sollte nach den Angaben des Frühheus gemäht werden. Ist es bereits im Ährenstadium, wird nach den Qualitätskriterien gemäht.

• **Qualität:** Heu ist am besten, wenn es erst im Ährenstadium bei aufsteigendem und, wenn möglich, abnehmendem Mond gemäht wird, da sich Zucker und Ballaststoffe hier die Waage halten.

Die besten Tage für die Ernte hochwertigen Heus sind: MAI: 1.*, 2.*, 3.vm., 3.nm.*, 6.nm., 7., 26., 27., 28.*, 29., 30., 31. vor 16 Uhr. **JUNI:** 1., 3., 4.*, 5.*, 22.*, 23.*, 24.*, 25.*, 26.*, 28.nm., 29.nm., 30.vm., 30.nm.* **JULI:** 1.*, 2.*, 3.*, 4.*, 21.nm.*, 22.*, 23. vor 15. Uhr*, 24.nm., 25.nm., 26.nm., 27., 28.*, 29.*, 30.**, 31.nm.* **AUGUST:** 20., 23., 24., 25., 26., 27.nm., 28.vm.

• **Frühheu:** Jung geschnittenes Heu enthält zwar viel Zucker, aber wenig Ballaststoffe. Um dies auszugleichen, sollte bei absteigendem und, wenn möglich, zunehmendem Mond gemäht werden. Frühheu kann beim Viehfutter durch Zugabe von etwas Luzerne ergänzt werden, die reich an Ballaststoffen ist.

Die besten Tage für die Ernte von Frühheu sind: APRIL: 14., 15., 16., 17., 18.vm., 18.nm.*, 19.*, 20.nm., 21.*, 23. **MAI:** 12., 13.nm., 14., 15., 16.*, 17.*, 18.vm.**, 18.nm.*, 19.vm., 20.*, 21., 22. **JUNI:** 8., 9., 10., 11.*, 12.*, 13.*, 14.*, 15.vm.*, 16.*, 17., 18., 19.vm., 20., 21.nm.

• **Nachwuchs:** Damit die Wiese möglichst schnell wieder nachwächst, wird am besten bei zunehmendem und aufsteigendem Mond gemäht.

Soll das Gras wieder schnell nachwachsen, wird an folgenden Tagen gemäht: APRIL: 9.vm., 9.nm.*, 10.*, 11.vm.*, 11.nm., 12.vm., 13.vm.*, 13.nm. **MAI:** 8.*, 9., 10. vor 10 Uhr. **JUNI:** 7. **JULI:** 19.nm., 20., 21.vm. **AUGUST:** 16., 17., 18.*, 19.*.

• **Achtung!**

Beim Trocknen von Heu und Grummet (Öhmd) zwischen dem 27. Mai und 3. Juni und zwischen dem 21. und 25. August besteht ein erhöhtes Risiko der Überhitzung und Gärung.

• **Geilstellen** sollten bei abnehmendem und absteigendem Mond gemäht werden, um gut zu kompostieren und eine bessere Weidestelle zu schaffen.

• **Aussaat einer Wiese:** Für eine größere Pflanzenmasse wird an einem „Blättertag" mit Sternen, sonst an einem „Wurzeltag" gesät.

• **Eggen:** Mist und Maulwurfshügel werden bei absteigendem Mond geeggt. Um die Wiese zu belüften oder von Moos zu befreien, bei aufsteigendem Mond eggen.

Getreide

Der Mondeinfluss zum Zeitpunkt der Saat ist ausschlaggebend für Menge und Qualität der Ernte, die außerdem besseres Saatgut für die kommenden Jahre hervorbringt.

AUSSAAT: Getreide wird am besten an „Fruchttagen" mit möglichst vielen Sternen gesät (siehe Monatskurven der Seiten 72–95). Diese Perioden begünstigen die Kornbildung und somit den Ertrag. Ist dies nicht möglich, sollte bevorzugt an „Blütentagen" gesät werden, wenn nicht, dann an „Wurzeltagen". „Blättertage" sollten vermieden werden, da das Getreide dadurch anfälliger für Pilzkrankheiten wird. Wie immer sollten die Stunden um Mondknoten und Perigäen gemieden werden, die der Entwicklung abträglich sind.

GETREIDE JÄTEN: Für Getreide, das gejätet werden kann, siehe die Keimfähigkeit auf Seite 32. Hier sollten grüne Tage gemieden werden, da sie die Keimung fördern. Wenn möglich, also an gelben Tagen jäten.

ERNTE: Der Zeitpunkt der Ernte soll in erster Linie eine bessere Haltbarkeit des Getreides gewährleisten. Dazu sollten die unten genannten Termine gemieden werden, da sie Gärung und Schimmelpilze (Mykotoxine) begünstigen, insbesondere wenn der Feuchtigkeitsgehalt des Getreides bereits grenzwertig ist.

Zu vermeidende Termine (für eine gute Konservierung ungünstige Erntetage)
JUNI: 1., 2., 9. nach 17 Uhr, 10., 11. vor 10 Uhr, 19.nm., 20., 21., 28., 29., 30.vm. **JULI:** 7., 8., 17., 18., 25., 26., 27. **AUGUST:** 3., 4., 13., 14., 15., 21.nm., 22., 23., 30.nm., 31.
(vm. = vormittags; nm. = nachmittags)

SAATGUTERNTE: Wenn die Ernte teilweise als Saatgut verwendet werden soll, ist sie von besserer Qualität und bringt einen höheren Ertrag, wenn sie zu den folgenden Terminen eingebracht wird. Kann nicht an einem günstigen Zeitpunkt geerntet werden, sollten zumindest die folgenden ungünstigen Termine vermieden werden, da sie der Erhaltung und guten Vermehrung des Saatgutes abträglich sind.

Günstigste Erntetermine für die Verwendung als Saatgut
JUNI: 3., 4., 11.nm., 12., 13., 22., 23., 30.nm. **JULI:** 1., 9., 10., 11., 19., 20., 21.vm., 28., 29.vm. **AUGUST:** 24., 25.
(vm. = vormittags; nm. = nachmittags)

Ungünstige Erntetermine für die Verwendung als Saatgut
JUNI: 1., **2., 6., 8. nach 18 Uhr, 9. nach 17 Uhr,** 10., 11. vor 10 Uhr, **15.nm., 19.nm.,** 20., **21.vm.,** 21.nm., **27., 28.vm.,** 28.nm., **29.vm.,** 29.nm., 30.vm. **JULI:** 7., 8., **17.vm.,** 17.nm., 18.vm., **18.nm., 24., 25., 26.vm.,** 26.nm., 27., **31.vm. AUGUST: 3.vm.,** 3.nm., 4., **13.vm.,** 13.nm., 14., 15., **21., 22.,** 23., **27.vm., 30.nm.,** 31. (**besonders ungünstige** Tage / vm. = vormittags; nm. = nachmittags) (fett gedruckte Daten sind noch ungünstiger)

KOMBINATION VON GETREIDE UND EIWEISSPFLANZEN: Wird Getreide zusammen mit Leguminosen angebaut, steigert dies nicht nur den Ertrag und verbessert die Bodenbeschaffenheit, sondern kann auch Krankheiten und Düngerzufuhr (vor allem von Stickstoff) vermindern. Da der Boden besser bedeckt wird, wächst weniger Unkraut. Schließlich ist das Endprodukt reicher an Eiweiß als bloßes Getreide

Groß- und Kleinvieh

Auch das Verhalten und Gedeihen von Tieren wird stark vom Mond beeinflusst. Deshalb sollten auch hier die Einflüsse des Mondes in allen Belangen berücksichtigt werden.

ERSTER FRÜHLINGSWEIDETAG: Der Tag, an dem das Vieh erstmals im Frühling oder das Jungvieh ausgebracht wird, beeinflusst das Verhalten der Tiere während der ganzen Saison. Wir konnten feststellen, dass Herden, die zum richtigen Zeitpunkt ausgetrieben wurden, wesentlich disziplinierter sind, sich weniger verletzen und mehr Milch produzieren. Daher sollte der Einfluss des Mondes auch hier nicht außer Acht gelassen werden. Siehe Seite 51.

FELDWECHSEL DES VIEHS: Das Gras wird am wenigsten an den in der folgenden Tabelle gekennzeichneten Tagen zertrampelt.

EINBRINGEN DES VIEHS: Der Stall bleibt während des Winters trockener, wenn das Vieh im Herbst an den in der folgenden Tabelle gekennzeichneten Tagen eingebracht wird.

HUFSCHNITT und BESCHLAGEN: Hufe werden stärker und weniger brüchig, wenn sie an den in der folgenden Tabelle gekennzeichneten Tagen geschnitten bzw. beschlagen werden, am besten bei ruhigem, feuchtem Wetter, wobei Gewitter und Frost vermieden werden sollten.

STÄLLE werden am besten am Tag vor Vollmond gesäubert und am Tag danach desinfiziert, z. B. ist am 21. Juli um 12.18 Uhr Vollmond. Daher Säuberung am Vormittag und Desinfektion am Nachmittag.

WURMBEHANDLUNG geschieht bevorzugt zwei bis drei Tage vor Voll- oder Neumond.

FORTPFLANZUNG: Kühe und Stuten werden am besten in der Woche zwischen Halb- und Vollmond in Feuer- oder Erdzeichen und – falls möglich – bei absteigendem Mond gedeckt. Für Schafe gelten zwar dieselben Mondphasen, doch gab es die besten Ergebnisse hier bei aufsteigendem Mond in Erd- oder Luftzeichen. In jedem Fall die in der nächsten Tabelle rot markierten Tage meiden.

ABGESETZT wird bei abnehmendem und, wenn möglich, absteigendem Mond am besten an den in den Kurven mit (t) gekennzeichneten Tagen.

HASEN im ersten Mondviertel decken.

HÜHNERZUCHT: Die im letzten Mondviertel angebrüteten Eier ergeben mehr männliche Küken. Um möglichst viele weibliche Küken zu erhalten, werden die Eier im ersten Viertel eingesammelt. Die besten Ergebnisse werden erzielt, wenn die Küken während des ersten Mondviertels schlüpfen.

SCHAFSCHUR: Die Wolle wächst langsamer nach, wenn die Schafe an den auf Seite 65 unter Enthaarung

SCHEREN VON VIEH: Die Wolle von Schafen wächst langsamer nach, wenn sie bei abnehmendem und abnehmendem Mond geschoren werden. Sie wächst schneller nach, wenn man sie bei steigendem und zunehmendem Mond schert.

FRÜHLINGSWEIDETAG / EINBRINGEN DES VIEHS

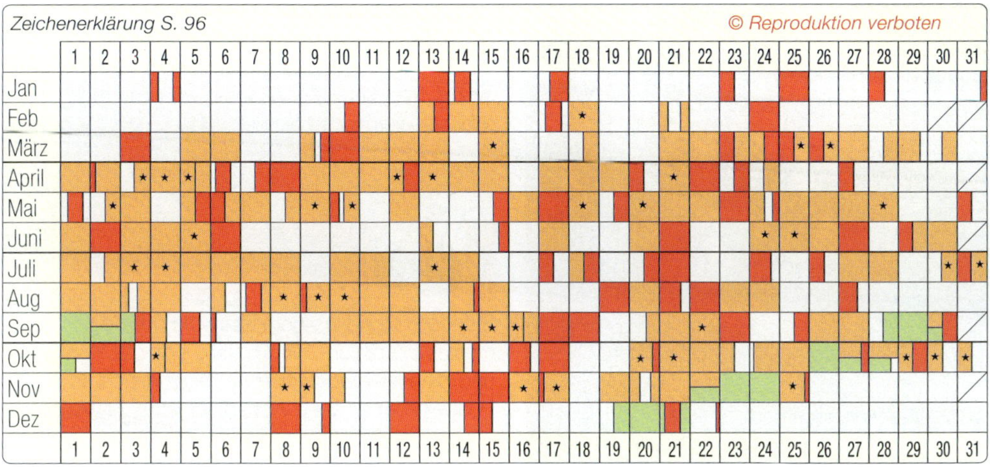

Frühlingsweidetag: gut ★ sehr gut

Eintreiben des Viehs: gut

Zu vermeidende Tage:

FELDWECHSEL, HUFSCHNITT UND BESCHLAGEN

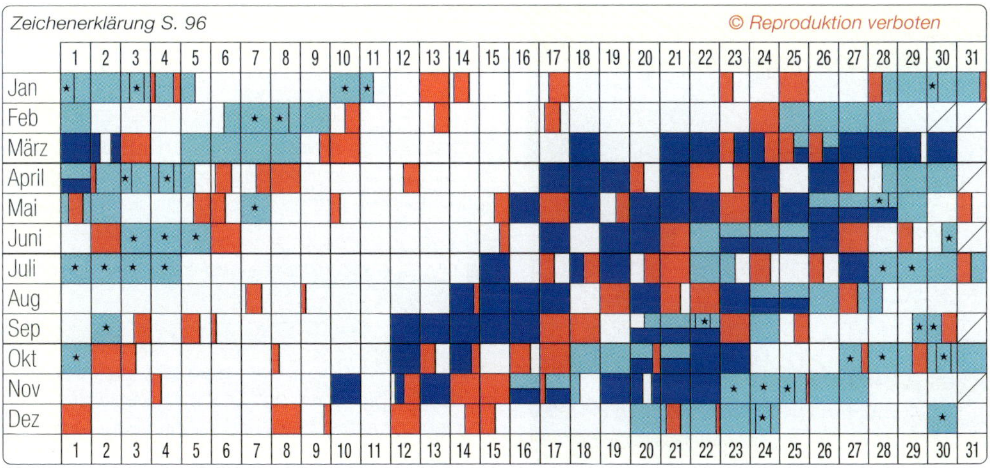

Hufschnitt und Beschlagen: gut ★ sehr gut

Feldwechsel des Viehs: gut

Zu vermeidende Tage Neutrale Daten, die eher vermieden werden sollten.

VERMEIDEN: Alle zuvor angeführten Aktionen sollten an den rot markierten ungünstigen Daten vermieden werden.

Bienenzucht

Bienen richten ihren Lebensrhythmus ganz natürlich nach den Mondphasen. Sie werden mit zunehmendem Mond immer aktiver und schwärmen am stärksten bei Vollmond aus. Den größten Einfluss auf das Leben der Bienen und die Honigherstellung hat jedoch der Mond vor den verschiedenen Sternbildern. Insofern ist es von größter Bedeutung, wann ein Stock geöffnet wird.

Unsere Erfahrungen haben gezeigt, dass bestimmte Arbeiten am Bienenstock am besten in den folgenden Phasen durchgeführt werden. Am besten kümmern wir uns um die Bienenstöcke, wenn der Mond vor einem Sternbild des Feuers oder der Luft steht, wobei Perigäen, Mondknoten und Sternbilder des Wassers vermieden werden sollten.

Steht der Mond in einem Sternbild des Feuers, kümmern wir uns um die Bienen, um die Königinnen und die Honigproduktion zu begünstigen. In diesen Phasen können neue Waben eingebracht werden.

Steht der Mond in einem Sternbild der Luft, wenn wir am Stock arbeiten, werden die Königinnen und die Brut bevorzugt, weshalb man hier mit der Zucht von Königinnen beginnt.

Steht der Mond in einem Sternbild der Erde, stimulieren wir den Bauinstinkt. Hier werden alte Waben erneuert. Der nun geerntete Honig kristallisiert schneller.

Steht der Mond in einem Sternbild des Wassers, so ist jegliche Arbeit am Stock zu vermeiden, um ihn nicht zu schwächen und eventuelles Gären des Honigs zu vermeiden.

Tipp: Frühlingshonig (Löwenzahn, Obstblüten usw.) ist die beste Winterreserve für einen Stock. Daher sollten die Aufsätze nicht zu früh im Frühling montiert werden, damit die Bienen den Großteil des Frühlingshonigs im Herzen des Stocks lagern.

Bier, Most und Apfelwein

Bier und Most sind „lebende Getränke“, die bessere Eigenschaften entwickeln, wenn sie bei bestimmtem Mondeinfluss hergestellt werden. Der Beginn ist hier ebenso von Bedeutung wie das Abziehen und die Abfüllung. Die folgende Tabelle ist eine Zusammenfassung aller wichtigen Daten.

Um den jüngsten Forschungsergebnissen gerecht zu werden und diese zugleich möglichst übersichtlich zu gestalten, wurde dieses Kapitel völlig überarbeitet. Die verschiedenen Details und besten Daten zur Herstellung und Abfüllung von Bier, Apfelwein und Most werden unten in verschiedenen Farben dargestellt.

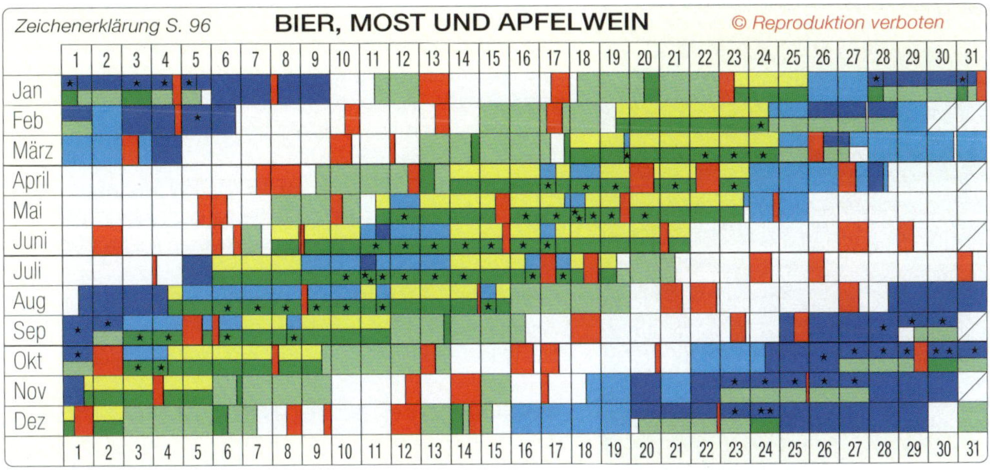

Beginn der Herstellung (Bier): gut – sehr gut – ★ ausgezeichnet

Abfüllung (Bier und Most): durchschnittlich – gut – sehr gut – ★ ausgezeichnet

Flaschenabfüllung (Bier und Most):

Für eine bessere Qualität von Bier und Most ist es besser, rote Perioden ebenso zu vermeiden wie Gewitter, starken Wind und extreme Kälte.

Neutrale Daten, die eher vermieden werden sollten.

Schnaps

STEINOBST

Die besten Ergebnisse werden erzielt, wenn bei abnehmendem Mond und, wenn möglich, vor Sternzeichen der Luft und bei diesen Planetenaspekten gebrannt wird: ☾☌ ✶ △☉ ,wobei besonders ☾□♂ ♄ vermieden werden sollte (siehe Seiten 14 bis 17).

KERNOBST

Am günstigsten sind Tage bei zunehmendem Mond, wenn möglich, wenn er vor Sternzeichen der Erde und der Luft steht sowie bei folgenden Planetenaspekten: ☾☌ ✶ △☉. Besonders vermieden werden sollten ☾□♂ ♄ (siehe Seiten 14 bis 17).

Weinbau

Der Einfluss des Mondes betrifft nicht nur den Anbau, sondern auch die Verarbeitung des Weines, dessen „Eigenleben" sich ständig weiterentwickelt. Deshalb ist es wichtig, diese Einflüsse bis hin zur Flaschenabfüllung zu berücksichtigen, um beste Lagerfähigkeit, Aromen und Qualität zu gewährleisten.

PFLANZEN: Damit die jungen Stöcke besser wurzeln, sollte bei absteigendem Mond gepflanzt werden, wobei die in den Monatskurven (Seiten 72–95) rot und mit – gekennzeichneten Zonen vermieden werden sollten. Weitere Hinweise zu Pflanzungen auf Seite 40.

SCHNITT bei absteigendem und, wenn möglich, auch abnehmendem Mond und steigender Flut (siehe Seite 19). Die roten und mit – gekennzeichneten Zonen sollten vermieden werden.
Achtung: Wenn Sie dieses Jahr zwischen dem 20. und 25. Februar schneiden, kann dies die Entwicklung von Pilzkrankheiten fördern.

KRANKHEITEN: Zwischen dem 27. Mai und 3. Juni und zwischen dem 21. und 25. August begünstigen bestimmte Planetenaspekte die Entwicklung von Pilzkrankheiten.
Zur Vorbeugung empfehlen wir Ihnen während dieser Zeit regelmäßig Schachtelhalmabsud (Kieselsäure) zu sprühen. Die Verwendung von Komposttee (S. 27 und 30) erweist sich ebenfalls als sehr wirksam.

RANKEN UND TRIEBE BESEITIGEN bei abnehmendem und, wenn möglich, absteigendem Mond und sinkender Flut, um Neutriebe zu vermeiden (siehe Seite 19).

SPITZEN, KAPPEN UND STUTZEN bei absteigendem Mond und sinkender Flut. Auch hier mindern Planetenaspekte Neutriebe (siehe Seite 19).

WEINLESE: Bei aufsteigendem Mond wird zwar das größte Erntevolumen erzielt, doch hält sich bei absteigendem Mond gelesener Wein länger. Wer mit dem Zeitpunkt der Weinlese flexibel sein kann und dadurch die Weinqualität beeinflussen möchte, der ernte nach den Sternbildern (siehe Seite 13) fruchtige Weine an „Fruchttagen", blumige Weine an „Blütentagen" und bodenständige Weine an „Wurzeltagen".

Eine Lese während der Mondknoten sollte auf jeden Fall vermieden werden, da dies die spätere Entfaltung des Aromas erheblich beeinträchtigt.

WEINVERKOSTUNG:
Wein entwickelt sein volles Aroma, wenn er an „Fruchttagen" verkostet wird. Für „bodenständige" Weine eignen sich auch „Wurzeltage". „Blättertage" sollten ebenso vermieden werden wie Mondknoten und Quadraturen des Mondes mit Saturn oder Sonne, die das Aroma verschließen (siehe Seiten 14 bis 17).

RISIKOPERIODEN BEI DER WEINBEREITUNG: In der Zeit vom 21. bis zum 25. August intensivieren bestimmte Planetenaspekte die Gärung. Für Regionen, die bereits mit der Weinherstellung begonnen haben, wird dieser Zeitraum besondere Aufmerksamkeit erfordern.

ABZIEHEN:

Empfohlene Daten, um die Aktivität des Weins nicht zu stoppen (z. B. für ein erstes Abziehen).

Empfohlene Daten, um den Wein zu stabilisieren (z. B. für das Abziehen vor der Flaschenabfüllung).

Vermeiden Sie auf jeden Fall Tage mit Gewittern, starken Winden und großer Kälte.

FLASCHENABFÜLLUNG:

akzeptabel ★ gut sehr gut ★ ausgezeichnet

Bei einer Flaschenabfüllung am frühen Morgen wirkt sich die höhere Luftfeuchtigkeit sehr günstig auf alle Weinsorten aus. Wein sollte weder bei Sturm oder Gewitter noch bei großer Kälte, hohen Gezeiten oder während der Weinblüte abgefüllt werden.

negativer Einfluss zu vermeidende Tage

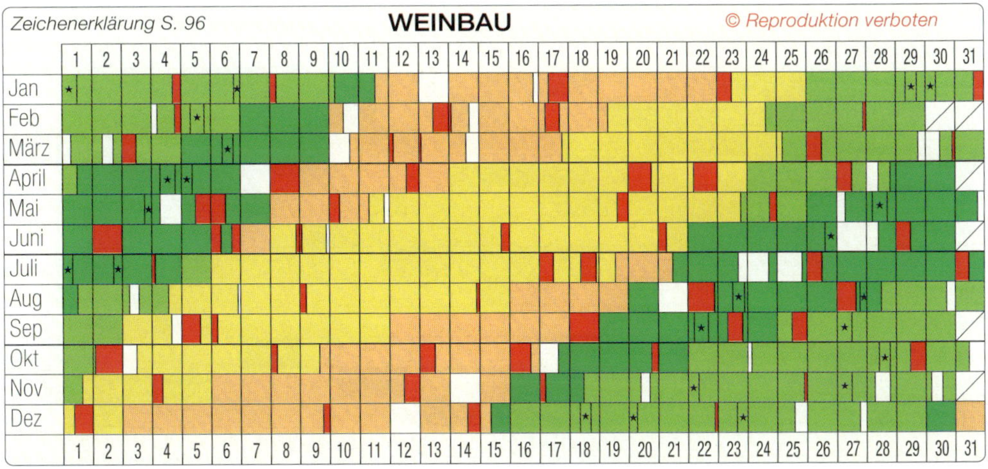

Nutz- und Brennholz

Der Tag des Fällens ist sehr wichtig, ebenso aber auch der Zeitpunkt der Verarbeitung. Bäume sollten möglichst erst nach Laubabwurf, doch noch vor der Wintersonnenwende gefällt werden.
All dies verbessert die Qualität und Haltbarkeit.

NUTZHOLZ
Die Eigenschaften von Holz werden vom Mond beeinflusst. Dazu sollte es für die verschiedenen Verwendungszwecke an den in der Tabelle gekennzeichneten Tagen gefällt werden.

- **Gegen Parasitenbefall und Fäulnis:**
- **Gegen das Verziehen und Aufreißen:** oder besser
- **Holz für Dachstühle:**
- **Holz für Werkzeuge:**
- **Gegen das Splittern von Nadelbaumholz:**

★ Je mehr Sterne, desto besser das Datum.

In der Regel ist die Überlagerung des Sternbildes und Sternzeichens des Löwen (♌) ein guter Zeitpunkt zum Fällen. Diese Phase entspricht den letzten 24 Stunden der orangen Perioden, wie z. B. am 22. November.

Wird ein Baum gefällt, wenn er noch im **Saft** steht, sollte einige Wochen mit dem Entasten gewartet werden, damit die Zweige dem Holz den Saft entziehen.

- **Verarbeitung:** Damit das Holz nicht arbeitet (Dachstühle, Holzverkleidung usw.), sollte es an den grau gekennzeichneten Tagen montiert werden.

gut sehr gut ★ ausgezeichnet
Rote Tage sind in jedem Fall zu meiden.

Zeichenerklärung S. 96

HOLZ

	1	2	3	4	5	6	7	8	9	10	11	12	13	14	15	16	17	18	19	20	21	22	23	24	25	26	27	28	29	30	31
Jan	★	★	★	★	★	★	★	★				★	★	★	★											★	★★	★	★★ ★	★	★
Feb	★	★	★	★	★					★	★				★	★							★		★	★ ★	★	★	★		
März	★	★ ★	★										★	★	★	★					★				★	★	★ ★	★	★	★	
April									★	★	★	★	★																		
Mai								★	★	★																					
Juni																															
Juli																															
Aug					★																							★	★	★	★
Sep	★																								★	★	★	★ ★★	★★ ★	★	
Okt	★																					★	★	★	★	★★	★	★	★	★	★
Nov								★											★	★ ★	★	★★	★	★	★ ★	★	★	★	★		
Dez					★	★	★	★								★	★	★	★ ★★	★	★	★	★	★	★	★	★	★			
	1	2	3	4	5	6	7	8	9	10	11	12	13	14	15	16	17	18	19	20	21	22	23	24	25	26	27	28	29	30	31

BRENNHOLZ FÄLLEN bei absteigendem Mond. Wenn möglich, sollte der Neumond vermieden werden, da Neumondholz schlecht brennt.

BRENNHOLZ TROCKNEN: Für Brennholz ist der Augenblick des Fällens besonders entscheidend. Wir haben auch festgestellt, dass es besser trocknet, wenn es bei absteigendem Mond aufgeschichtet wird, möglichst an den nachthellen Tagen eine Woche vor und nach Vollmond.

PFÄHLE/PFLÖCKE: Damit sie länger halten, sollten sie bei Neumond oder kurz davor geschnitten und eingeschlagen werden; am besten, wenn der Mond im Sternbild des Löwen steht. Sind sie aus weichem Holz, so kann die Spitze zuvor angesengt werden.

WEIHNACHTSBÄUME werden am besten bei aufsteigendem und zunehmendem Mond geschnitten, um frühes Nadeln zu vermeiden. Im Idealfall geschieht dies bei folgenden Planetenaspekten: Mond in Sextil, Trigon oder Quadratur zu Sonne oder Venus ☾✶△□☉♀ (siehe Seite 14).

ARBEITEN

MOOS, SCHIMMEL UND SALPETER werden am nachhaltigsten an den unten angegebenen Daten beseitigt, wobei ein trockener Wind diesen Effekt noch zusätzlich unterstützt. Es gibt zahlreiche natürliche Mittel wie Natron oder Essig, die wesentlich verträglicher für die Umwelt sind.

Beste Daten zur Entfernung von Moos, Schimmel und Salpeter
JANUAR: 13.*, 18.*, 19.*, 20.*, 21., 22. **FEBRUAR:** 15.*, 16.**, 17.*, 18. **MÄRZ:** 13.*, 14.*, 15., 16., 17.vm. **APRIL:** 10.*, 11.*, 12., 13. **MAI:** 9., 10.* **JULI :** 19.nm.*, 20.*, 21.vm.* **AUGUST:** 16.*, 17.*, 18., 19. **SEPTEMBER:** 12.*, 13.*, 14., 15., 16.vm. **OKTOBER:** 9.nm.*, 10.*, 11.*, 12., 13.* **NOVEMBER:** 6.*, 7.*, 8., 9., 14.**, 15.* **DEZEMBER:** 3.*, 4.*, 5., 6., 7.vm., 12.**, 13.*, 14.
(vm. = vormittags; nm. = nachmittags; am besten an Tagen mit *)

QUELLEN werden am besten bei aufsteigendem Neumond gefasst, da das Wasser bei absteigendem Mond schneller versickert.

BOOTE STREICHEN bei abnehmendem Mond, den mit *a, b, c,* **i, j, k** gekennzeichneten Tagen sowie bei folgenden Planetenaspekten (siehe Seite 14): Mond im Sextil oder Trigon zur Sonne ☾✶△☉ oder Mond in Konjunktur zu Jupiter ☾☌♃. Mondknoten und Mond in Quadratur zur Sonne ☾□☉ vermeiden. Man lässt sie dann bei abnehmendem Mond und, wenn möglich, im letzten Mondviertel vor einem Zeichen der Erde oder Luft ins Wasser.

GRÄBEN halten länger, wenn sie bei Vollmond ausgehoben werden. Werden sie bei aufsteigendem Mond ausgehoben, schließen sie sich schneller, vor allem bei leichtem Erdreich; das gilt vor allem für lockeres Erdreich. Werden sie bei absteigendem Mond gezogen, so neigen sie eher dazu, sich zu vertiefen, halten jedoch besser. Die besten Daten sind daher bei absteigendem Vollmond.

Beste Daten zum Ausheben von Gräben
JANUAR: 24., 25.*, 26.vm. **FEBRUAR:** 22.nm., 23.*, 24.*, 25.vm. **MÄRZ:** 23.nm.*, 24.*, 25., 26.vm. **APRIL:** 22., 23.*, 24. **MAI:** 22., 23.*, 24.vm. **JUNI:** 20., 21.*, 22. **JULI:** 20.nm., 21.vm.*, 21.nm. **AUGUST:** 19.vm., 19.nm.*, 20.vm. **SEPTEMBER:** 17., 18. **OKTOBER:** 16.nm., 17.vm.*, 17.nm. **NOVEMBER:** 15.vm., 15.nm.*, 16.vm. **DEZEMBER:** 14.nm., 15.vm.*, 15.nm.
(vm. = vormittags; nm. = nachmittags; am besten an Tagen mit *)

WEGE UND PLÄTZE werden am besten an folgenden Tagen angelegt:

JANUAR: 23. **FEBRUAR:** 23.* **MÄRZ:** 21.*, 22.vm.* **APRIL:** 18.*, 20., 22. **MAI:** 15.*, 19.nm. **JUNI:** 11., 15.nm. **JULI:** 9.*, 17. **AUGUST:** 5.*, 9.vm. **SEPTEMBER:** 5., 6.vm.
(vm. = vormittags; nm. = nachmittags; am besten an Tagen mit *)

DRAINAGEN, die bei aufsteigendem Mond angelegt werden, bleiben länger frei.

KAMINKEHREN: Ruß löst sich am besten im ersten Mondviertel, besonders wenn der Mond vor dem Sternbild der Fische oder Jungfrau steht.

Gute Tage zum Kaminkehren sind
JUNI: 14. **JULI:** 12., 13. **AUGUST:** 8., 9., 10., 11. **SEPTEMBER:** 4., 5., 6., 7. **OKTOBER:** 3., 4.

ERSTES KAMINFEUER: Damit der Kamin im Winter gut zieht, wird das erste Kaminfeuer im Herbst bei aufsteigendem Mond an einem „Fruchttag" im dritten Mondviertel angezündet, wie z. B. am Nachmittag des 21. September oder am 18. Oktober.

PUTZEN: Instandhaltungs- und Säuberungsarbeiten sind wirksamer bei absteigendem Mond.

KLEIDUNG: Wird am besten in einer Konjunktion von Mond und Venus ☾ ☌ ♀ Venus (siehe Seite 14 ff.) bis zur nächsten Saison weggeräumt.

PILZE: Wachsen besonders nach Neumond, vor allem, wenn er aufsteigend ist.

SAUERTEIGBROT: Bei aufsteigendem Mond wird das Brot lockerer und schmackhafter. Der Einfluss des absteigenden Mondes kann durch zunehmenden Mond ausgeglichen werden. Mondknoten, Perigäen und die Perioden **f**, *o*, **w**, sollten gemieden werden (siehe Seiten 72 bis 95).

SAUERKRAUT: Das Kraut wird am besten bei aufsteigendem Mond geerntet und angesetzt. Die beim Sauerteigbrot angeführten Perioden sind hier zu meiden.

Gute Tage zur Sauerkrautherstellung
SEPTEMBER: 12., 13.vm., 13.nm.*, 14., 15., 16.vm., 20.nm., 21., 22.*, 23., 24. **OKTOBER:** 9.nm.*, 10.*, 11., 12., 13., 18., 19., 20., 21. **NOVEMBER:** 6.*, 7.*, 8.*, 9., 15., 16., 17. **DEZEMBER:** 3.*, 4.*, 5.*, 6.vm.**, 6.nm.*, 13., 14., 15. (vm. = vormittags; nm. = nachmittags; am besten an Tagen mit *)

KONSERVEN: Werden am besten bei absteigendem Mond eingemacht (vor allem, wenn an Zucker gespart werden soll).

BIRKENSAFT: Wird bei aufsteigendem Mond gezapft, wobei Mondknoten und die mit **f** gekennzeichneten Tage vermieden werden sollten, die zu schnellerer Gärung führen. Die Ernte sollte auf wenige Liter und ältere Bäume beschränkt werden, um die Birken nicht zu schädigen.

LEBEN MIT DEM MOND

Der Mond wirkt sich auch auf die Menschen aus, wobei manche „mondfühliger“ sind als andere. Auch wenn unser heutiger schneller Alltagsrhythmus die Wahrnehmung der Mondeinflüsse auf unseren Körper möglicherweise verringert, sind sie nichtsdestoweniger vorhanden.

Der niedrigere Melatoninspiegel bei Vollmond kann zu Schlafstörungen führen. Haare oder Nägel wachsen bei absteigendem Mond langsamer nach oder sind kräftiger, wenn sie zum richtigen Zeitpunkt geschnitten werden. Ähnliches gilt für chirurgische oder zahnärztliche Eingriffe.

Einfluss der Mondphasen

Der Einfluss des Voll- und Neumondes kann zwei oder drei Tage lang spürbar sein. Bestimmte Planetenaspekte können die Auswirkungen schwächen oder verstärken. Voll- und Neumond können sich also von einem Monat zum nächsten anders auswirken.

NEUMOND: *Der Mond steht zwischen Erde und Sonne, weshalb seine beschienene Seite nicht sichtbar ist.* Zeit der Erneuerung, für instinktives und spontanes Handeln.

- Ein guter Moment, an neue Projekte zu denken.
- Eine gute Zeit, schlechte Angewohnheiten aufzugeben.
- Der beste Moment zu fasten, um Giftstoffe zu eliminieren.
- Nur langsame Erneuerung der Körperenergie.

ZUNEHMENDER MOND: *Zeitspanne zwischen Neu- und Vollmond, in der die beschienene Mondseite immer sichtbarer wird.* Wir sind subjektiver und kreativer.

- Ein guter Moment, neue Projekte anzupacken.
- Eine Zeit, in der wir uns leichter nach außen wenden.
- Ein guter Moment, neue Dinge zu lernen.
- Der Körper verbraucht einen Großteil der Ernährung für seine Entwicklung.
- In dieser Periode heißt es aufpassen, wenn wir nicht zusätzliches Gewicht ansetzen wollen.
- Eine gute Zeit, um Neues zu lernen oder in die Wege zu leiten.

VOLLMOND: *Die Erde steht zwischen Sonne und Mond, weshalb seine ganze beschienene Seite sichtbar ist.* Periode der Vollendung. Zeit der Reflexion und Bewusstwerdung.

- Ein guter Moment Projekte zu konkretisieren.
- Wir sind ebenso fit wie ruhelos.
- Rasche Erneuerung der Körperenergie.
- Die hellen Nächte regen zum Wachbleiben an und stören den Schlaf.
- Die durch den Vollmond bedingte Nervosität kann durch sportliche Tätigkeit ausgeglichen werden.
- Gute Zeit zur Meditation.

ABNEHMENDER MOND: *Zeitspanne zwischen Voll- und Neumond, in der die beschienene Mondseite immer weniger zu sehen ist.* Eine gute Zeit, Dinge abzuschließen. Wir sind objektiver und können Ideen besser in die Tat umsetzen.

- Ein guter Moment, Projekte abzuschließen und bekannt zu machen.
- Zeit der Verinnerlichung, des Geistes und der Spiritualität.
- Ein guter Moment zur Übermittlung von Ideen.
- In dieser Zeit werden am besten Aktionen begonnen, die bestimmte Organe entlasten und entgiften sollen. Gifte werden in dieser Phase schneller eliminiert.

Entgiftung durch Heilpflanzen

Heilkuren mit Pflanzen oder natürlichen Mitteln können den Körper recht wirksam entschlacken und Gifte eliminieren. Der Wechsel zwischen zwei Jahreszeiten (vor allem im Frühling) eignet sich gut für solche Detox-Kuren, die im Idealfall drei Wochen durchgeführt werden sollten.

- **Leberreinigung:** Sollen Giftstoffe über die Leber ausgeschieden werden, wird die Kur am besten beim Mond im Zeichen der Jungfrau begonnen. Hierfür eignen sich Pflanzen wie Rettich, Mariendistel, Artischocke, Chrysanthellum, Löwenzahn, Bohnenkraut, Rosmarin oder Boldo.

- **Nierenreinigung:** Wenn Giftstoffe vor allem über die Nieren ausgeschieden werden sollen, wird die Kur am besten beim Mond im Zeichen der Waage begonnen. Gute Pflanzen für solche Kuren sind: Petersilie, Brennnessel, Schachtelhalm, Lauchwurzel, Esche und Lindenrinde.

Ein Kurbeginn bei abnehmendem Mond im Sextil oder im Trigon zur Sonne ☾✶ △☉ (siehe Seite 14 ff.) ist förderlich.

Heilfasten

Heilfasten tut fast allen Menschen gut. Dennoch sollte man zuvor den Rat des Hausarztes einholen, den man in jedem Fall auch bei längeren Fastenperioden aufsuchen sollte.

Der beste Augenblick für eintägiges Fasten ist der Neumond, da der Körper sich hier nachhaltiger reinigt. Auch eine einwöchige Fastenkur sollte bei Neumond begonnen werden. Längeres Heilfasten beginnt man am besten bei abnehmendem Mond, wenn dieser im Sextil zur Sonne ☾✶☉ steht (siehe Seite 14 ff.).

Massagen

Jedes Mal, wenn der Mond in einem bestimmten Sternzeichen steht, aktiviert dies bestimmte Körperregionen (Tabelle Seite 69). Sie sind in diesen Phasen empfänglicher für Massagen an den entsprechenden Stellen.

Belebende Wirkung haben Massagen bei zunehmendem und aufsteigendem Mond, besonders wenn beide zusammenfallen, sowie in den Perioden a, c, i, k.

Entspannende Wirkung haben Massagen bei abnehmendem und absteigendem Mond, besonders wenn beide zusammenfallen, sowie in den Perioden r und t.

Haare

Auch die Haare stehen unter dem Einfluss des Mondes. Der Moment des Haarschnitts wirkt sich demnach auch auf Vitalität und Wachstum des Haars aus. In der folgenden Tabelle wurden die wichtigsten Aspekte zusammengefasst.

Die grünen und gelben Tage (vor allem mit Sternen *) sind in jedem Fall günstig für den Haarschnitt und sollten auch dann berücksichtigt werden, wenn Sie keine besonderen Haarprobleme haben.

Dichtes, kräftiges Haar, Haarausfall

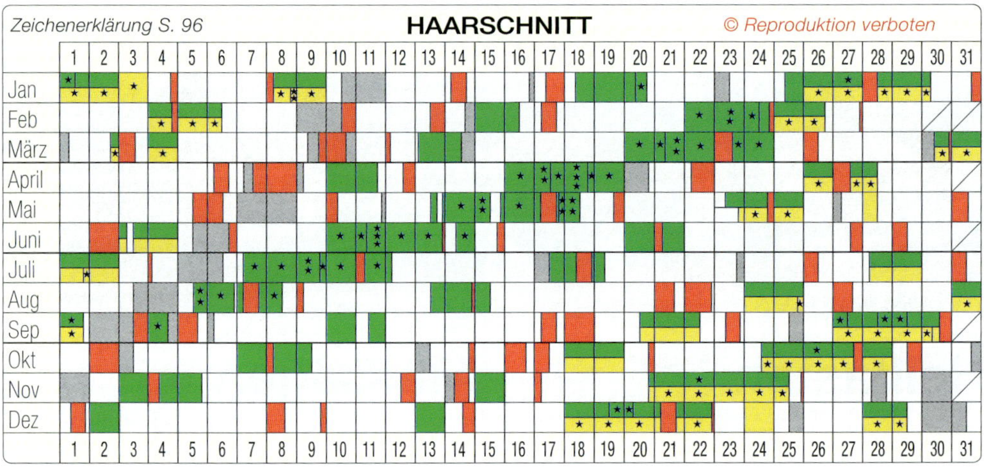

- Gute Tage für einen Haarschnitt für **stärkeres und dichteres Haar**.
- Gute Tage für einen Haarschnitt zur **Hemmung des Haarausfalls**.
- Rote Tage sind besonders zu **vermeiden**.
- Diese Tage sind **ungünstig**.
- ★ Je mehr Sterne, desto besser ist der jeweilige Tag.
- Neutral.
- Eine senkrechte Linie unterteilt den Tag in Vor- und Nachmittag. Beispiel: gegen Haarausfall (grün) am Vormittag, neutral (weiß) am Nachmittag.
- Eine waagerechte Linie zeigt, dass derselbe Tag für beide Aspekte geeignet ist.

HAARMASKEN *** sind am wirksamsten bei zunehmendem und aufsteigendem Mond an einem Erd- oder Wasserzeichen (siehe Seiten 72 bis 95).

Gespaltenes Haar, Dauerwelle, Färbung, Haarwuchs

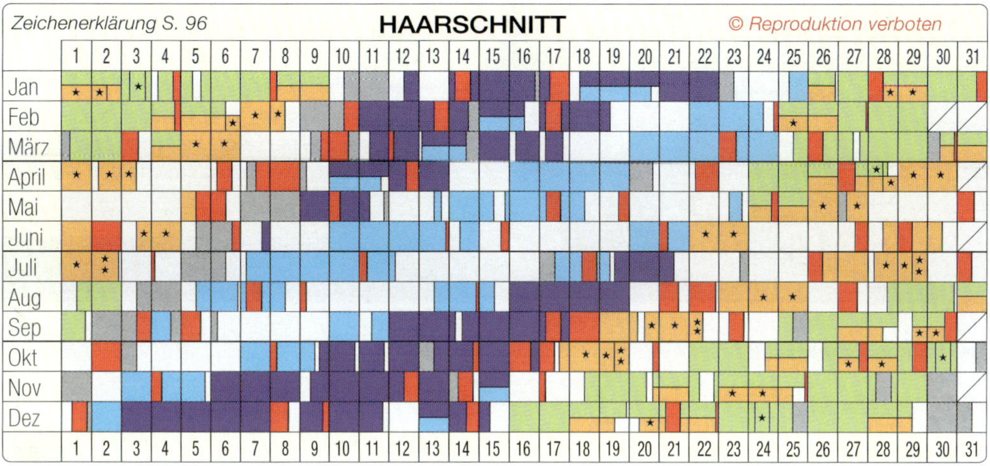

- Zur Vermeidung von **gespaltenem Haar** und für **langsameren Haarwuchs.**
- Für schönere und länger haltende **Haarfärbung.**
- Zur Vermeidung von Haarschäden durch **Dauerwellen.**
- Zur Vermeidung von **Knoten** und für geschmeidigeres Haar.
- ★ Je mehr Sterne, desto besser ist der jeweilige Tag.
- Rote Tage sind besonders zu **vermeiden**.
- Diese Tage sind **ungünstig**.
- Neutral.
- Eine senkrechte Linie unterteilt den Tag in Vor- und Nachmittag. Beispiel: Dauerwellen (orange) am Vormittag, neutral (weiß) am Nachmittag.
- Eine waagerechte Linie zeigt, dass derselbe Tag für beide Aspekte geeignet ist.

Babys ...

Der erste Haarschnitt hat Auswirkungen auf die künftige Vitalität der Haare. Dafür eignen sich am besten folgende Tage:

JANUAR: 27. **FEBRUAR:** 23.* **MÄRZ:** 21. nach 10 Uhr **APRIL:** 18.** vor 16 Uhr **MAI:** 15.vm.* **JUNI:** 11.** nach 10 Uhr **JULI:** 9.* vor 16 Uhr **AUGUST:** 5.nm.* **SEPTEMBER:** 1. vor 16 Uhr, 28.nm., 29.vm. **OKTOBER:** 26. **NOVEMBER:** 22. **DEZEMBER:** 19.nm.
(vm. = vormittags; nm. = nachmittags; am besten an Tagen mit *)

Nagelpflege

Nägel zum richtigen Zeitpunkt zu schneiden, kann sie stärken und ihr Wachstum stimulieren.
Um das Risiko brechender oder auch eingewachsener Nägel zu vermeiden, sollten sie an folgenden Tagen geschnitten werden.

Die besten Daten sind:

■ Für starke und widerstandsfähige Nägel. ■ Gegen eingewachsene Nägel.

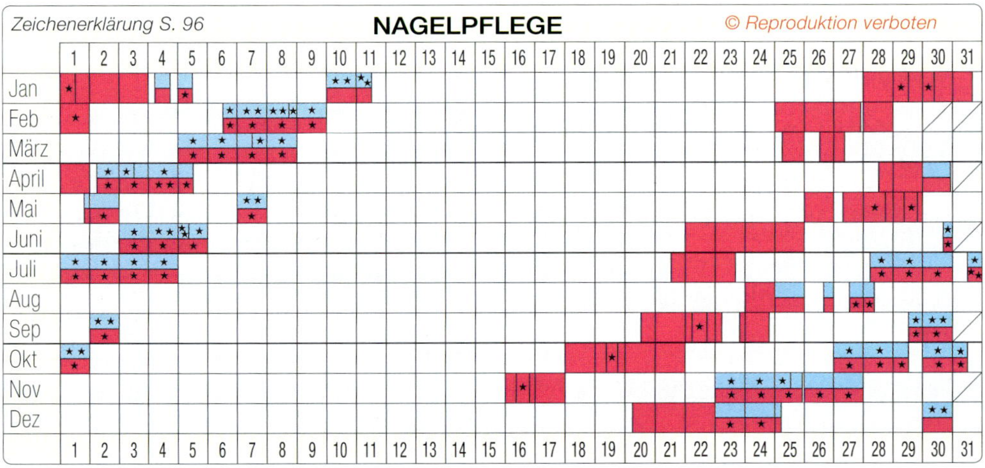

Hornhaut und Hühneraugen

Werden am besten bei abnehmendem Mond vor dem Sternzeichen des Steinbocks oder Stiers entfernt. Der zunehmende Mond sollte mit dem Zeichen der Jungfrau oder Waage assoziiert werden.

Warzen

Warzen können mit dem Saft bestimmter Pflanzen (wie z. B. des Warzenkrauts, der Ringelblume oder des Feigenbaums) entfernt werden. Dazu beginnt man am besten im letzten Viertel des abnehmenden Mondes sowie in den Perioden q und k (siehe Seiten 72 bis 95).

Wurmbehandlung

Darmwürmer werden am besten zwei bis drei Tage vor Neu- oder Vollmond behandelt. Zur natürlichen Wurmbehandlung verwenden wir u. a. Knoblauch, Beifuß, Schwarzwalnussschalentinktur, Rainfarn, Gewürznelken oder Kürbiskerne.

Enthaarung

Der Zellwuchs der Körperhaare variiert nach den Mondphasen. So beschleunigen bestimmte Tage den Haarwuchs, während andere ihn bremsen. An den unten angeführten Tagen währt die Enthaarung am längsten.

Beste Daten für eine lang anhaltende Enthaarung:

mittel — relativ gut — gut — sehr gut — ★ ausgezeichnet — weniger gut

Eine senkrechte Linie unterteilt den Tag in Vor- und Nachmittag.

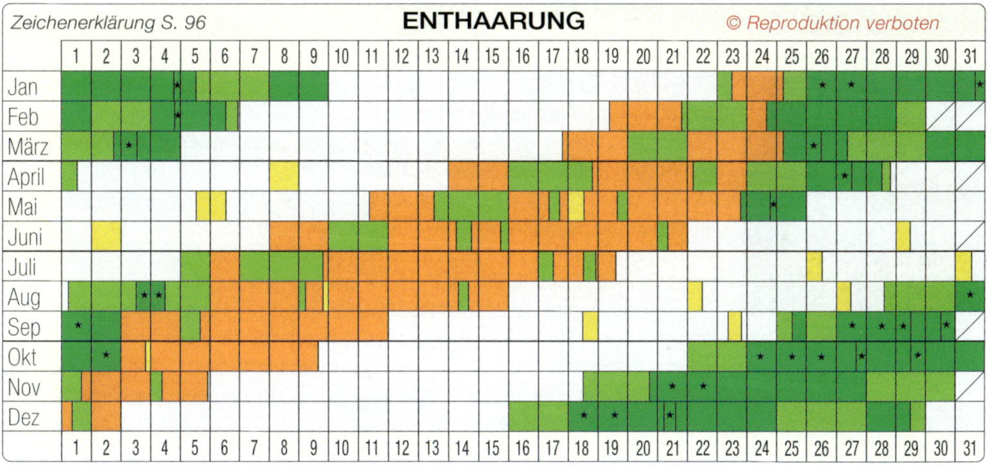

Hautpflege

HAUTREINIGUNG (Hautunreinheiten, Akne usw.): Am besten bei absteigendem Mond mit einem Venusaspekt ☾☌ ✶ □ △ ♀ (siehe Seiten 14 bis 17).

DIE ERNÄHRUNG DER HAUT: Für das Auftragen der verschiedenen Gesichtsmasken, Feuchtigkeits- und Nährcremen usw. hängt der geeignete Augenblick vom Hauttyp ab.

- **Trockene und normale Haut:** Die Hautpflege ist wirksamer bei zunehmendem Mond, wobei die Sternzeichen des Widders, Krebses und Steinbocks vermieden werden sollten.

- **Fettige Haut:** Bei abnehmendem Mond, wenn der Mond im Trigon und vor allem im Sextil zur Sonne steht ☾ △ ✶ ☉ (siehe Seiten 14 bis 17), werden Stoffe zwar etwas weniger von der Haut aufgenommen, doch ist ihre Pflegewirkung wesentlich größer.

Wenn Sie die Möglichkeit haben, Ihre Haut mit Tau zu befeuchten, bevor Sie eine Creme auftragen, so verstärkt dies ihre Wirkung. Außerdem ist es sehr gesund, barfuß im Morgentau zu gehen.

Ernährung

Gewisse Mondzyklen begünstigen die Aufnahme bestimmter Nahrungsmittel. Bei Verdauungsproblemen sollten diese Angaben also besonders berücksichtigt werden. Bei Gesundheitsproblemen sollten Sie jedoch einen Arzt zu Rate ziehen.

• **Trinkwasser:** Unser Organismus kann nur mit genügend Wasserzufuhr funktionieren. Wasser eliminiert aber auch die im Körper angesammelten Giftstoffe, indem es wie ein Schwamm verschiedene Abfallprodukte aufnimmt und so hilft, den Körper zu reinigen. Diese Reinigungsarbeit hängt jedoch direkt von der Qualität des getrunkenen Wassers ab, denn je "reiner" es ist, desto mehr Giftstoffe kann es aufnehmen. Ist das Wasser hingegen bereits mit Schadstoffen oder Mineralien überlastet, kann es seine Reinigungsfunktion nicht mehr gewährleisten.
Laut Bioelektronik sollte ideales Wasser einen pH-Wert (Protonenkonzentration) zwischen 6 und 7 haben, einen rH2-Wert (Elektronenkonzentration) zwischen 25 und 28 und einen spezifischenWiderstand (Mineralkonzentration) von mehr als 6000 Ohm, d. h. weniger als 120 mg/l Trockenrückstände enthalten (der Idealwert liegt zwischen 20 und 50 mg/l). Mineralwässer sind mit Mineralien überladen und sind für den regelmäßigen Genuss nicht empfohlen. Andererseits erfüllen einige Quellwässer die oben genannten Kriterien. Um die starke Verschmutzung durch Plastikflaschen zu vermeiden, ist es jedoch ratsam, Leitungswasser zu trinken, sofern es gereinigt ist. Denn ist es auch trinkbar, so ist das Wasser aus dem öffentlichen Netz dennoch meist mit verschiedenen Rückständen von Pestiziden, Medikamenten, Chlor und anderen Schadstoffen belastet. Eine Osmoseanlage nach dem Umkehr-Osmose-Verfahren ist nach wie vor die beste Filtrationslösung.
Verschiedene bioelektronische Analysen haben außerdem aufgezeigt, dass stagnierendes oder durch Rohre geleitetes Wasser einen Teil seines Potenzials verliert. Das Speichern von Wasser oder das Unter-Druck-Setzen im Netzwerk begünstigt außerdem die Agglomeration von Wassermolekülen. Letztere verlieren einen Teil ihrer hydratisierenden Kraft, weil die Molekularagglomerate das Eindringen von Wassermolekülen in die Körperzellen erschweren. Flaschen- oder Leitungswasser sollte daher dynamisiert werden, um seine ursprüngliche Struktur wieder zu erlangen. Die Wasserdynamisierung durch Verwirbeln ermöglicht die Sauerstoffanreicherung bei gleichzeitiger Sprengung der Moleküle. Belebt, findet das Wasser seine hydratisierende Kraft und die Eigenschaften eines reinen Quellwassers wieder.

• **Keimlinge sind konzentriertes Leben:** Ein Samen enthält alles, was für seine Entwicklung notwendig ist, aber erst wenn er keimt, entfaltet er sein ganzes Nährstoffpotenzial. Dank des Keimungsprozesses werden die gekeimten Samen vom Körper perfekt aufgenommen. Extrem reich an Vitaminen, Enzymen und anderen mineralischen Elementen, haben Keimlinge alle Vorteile lebendiger Nahrung.

• **Milchsäuregärung** ist eine ausgezeichnete Konservierungsmethode. Sie hat den Vorteil, die Nährstoffqualität von Lebensmitteln zu bereichern. Sie entwickelt außerdem Probiotika, die die Verdauung erleichtern und verbessern.

Zahnbehandlung

In der folgenden Tabelle haben wir die positiven und negativen Einflüsse auf diverse Zahnbehandlungen zusammengefasst. Durch die Wahl des richtigen Zeitpunkts erholt sich unser Organismus schneller und reagiert besser auf die Behandlung.

- Grüne Tage eignen sich besonders zum Ziehen von Zähnen.
- Mit Pfeilen versehene grüne Tage sind nur günstig zum Ziehen von Zähnen im Oberkiefer.
- Gelbe Tage eignen sich für Implantate und Kronen.
- ★ Je mehr Sterne, desto besser ist der jeweilige Tag.
- Rote Tage sind besonders zu **vermeiden**.
- Neutral.
- Eine senkrechte Linie unterteilt den Tag in Vor- und Nachmittag, z. B. guter Vormittag zum Ziehen von Zähnen, neutraler Nachmittag.
- Eine waagerechte Linie zeigt, dass derselbe Tag für verschiedene Zahnbehandlungen geeignet ist.

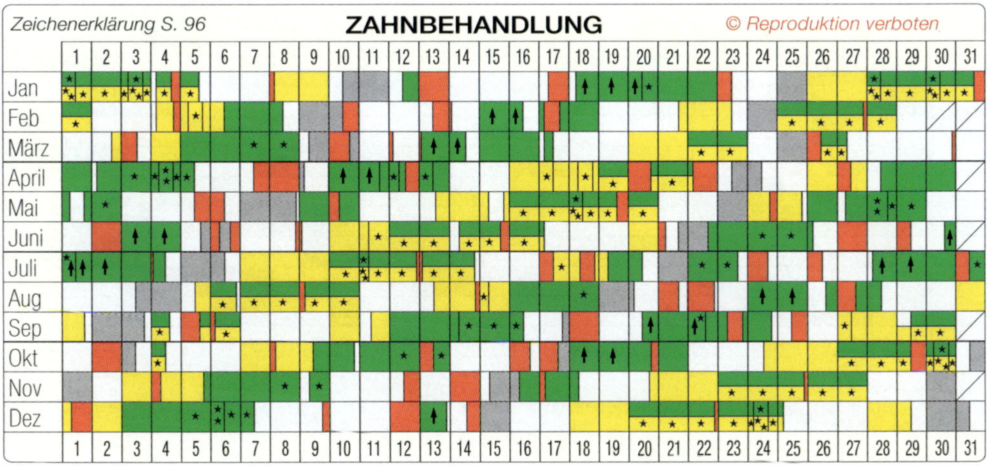

Amalgamfüllungen werden am besten bei abnehmendem und, wenn möglich, absteigendem Mond in der Woche vor Neumond entfernt. Feuerzeichen und die in der folgenden Tabelle rot oder mit (—) gekennzeichneten Tage sollten vermieden werden.

Werden Zähne an Tagen mit zwei Farben gefüllt, halten Füllungen länger.

Zahnstein wird am besten im letzten Viertel vor Neumond entfernt. Steht der Mond vor einem Erd- oder Luftzeichen, ist diese Reinigung noch effizienter. Auch hier sollten die in der Tabelle rot oder mit (—) gekennzeichneten Tage vermieden werden.

L E B E N

Operationen

Der Mond beeinflusst auch den Heilungsprozess nach Operationen. Natürlich ist dem Rat des Arztes Folge zu leisten. **Die folgenden Ausführungen beziehen sich insbesondere auf Eingriffe, bei denen das Datum ohne Dringlichkeit entschieden werden kann.**

Nicht alle Menschen sind gleichermaßen „mondfühlig“. Wer hat sich nicht schon in einer schlaflosen Vollmondnacht über den tiefschnarchenden Partner gewundert. Das Gleiche gilt auch für das Heilen mit dem Mond. Aber auch wenn es hier keine allgemein gültigen Regeln gibt, so ist eine Operationsplanung an den richtigen Daten heilungsfördernd.

Für bessere Wundheilung und schnellere Genesung sind planbare Operationen an folgenden Tagen am besten:

gut — sehr gut — ★ ausgezeichnet — Neutral

Außer in Notfällen sollten Operationen an diesen Tagen vermieden werden, da sie die Wundheilung und Genesung verlangsamen.

Eine senkrechte Linie unterteilt den Tag.

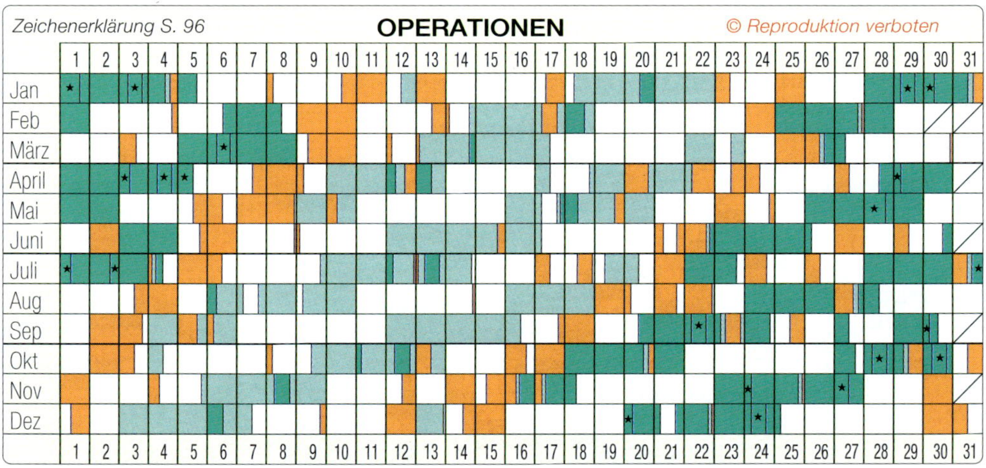

Auf der nächsten Seite sind die Übereinstimmungen der verschiedenen Körperzonen mit den Sternzeichen angegeben. Wandert der Mond durch die jeweiligen Zeichen, stimuliert dies die entsprechenden Körperteile. Diese Stimulierung erweist sich als günstig für Massagen (siehe Seite 61), aber nicht für chirurgische Eingriffe, weshalb solche nicht an diesen Tagen geplant werden sollten. Prüfen Sie zunächst, welchem Sternzeichen der betreffende Körperteil zugeordnet ist (z. B.: Schulter = Zwillinge, siehe S. 69). Wählen Sie dann in der obigen Tabelle ein grünes Datum aus, welches nicht dem jeweiligen Sternzeichen entspricht.

Handelt es sich also um keinen Notfall, sollte ein gutes Operationsdatum in obiger Tabelle gewählt und dann auf der Tafel auf Seite 69 überprüft werden, ob der Mond zu diesem Zeitpunkt nicht gerade in einem dem Körperteil entsprechenden Sternzeichen steht.

Übereinstimmungen von Körperzonen und Sternzeichen

Wandert der Mond durch die jeweiligen Sternzeichen (siehe Seiten 72 bis 95), sollten Operationen an den entsprechenden Körperteilen vermieden werden.

So ist z. B. der 7. Februar laut Tabelle von Seite 68 zwar ein guter Zeitpunkt für Operationen, doch sollten chirurgische Eingriffe am Knie beim Mond im Steinbock vermieden werden.

♈ **WIDDER:** Die oberen Kopfpartien: Schädel, Gehirn, Oberkiefer, Gesicht, Gesichtsmuskulatur, Augen

♉ **STIER:** Hals, Nacken, Lippen, Gaumen, Kehlkopf, Mandeln, Zunge, Ohren, Kleinhirn, Halswirbel, Schilddrüse, Unterkiefer

♊ **ZWILLINGE:** Obere Gliedmaßen, Hände, Lungen, Bronchien, Atemwege, Nervensystem, Blutgefäße

♋ **KREBS:** Speiseröhre, Magen, Rippen, Brustbein, linker Leberlappen, Bauchspeicheldrüse, Brüste, Zwerchfell

♌ **LÖWE:** Herz, Solarplexus, Herzschlagader, Rückenwirbel, Rückenmark

♍ **JUNGFRAU:** Bauchgegend, Zwölffingerdarm, Milz, rechter Leberlappen, Dünndarm, Dickdarm

♎ **WAAGE:** Nieren, Nebennierendrüsen, Harnleiter, Lendengegend, Haut

♏ **SKORPION:** Blase, Harnröhre, Geschlechtsorgane, Prostata, absteigender Grimmdarm, Mastdarm, Nase, Schambein

♐ **SCHÜTZE:** Hüfte, Becken, Steißbein, Kreuzbein, Oberschenkelknochen, Hüftbein, Sitzbein, Ischias, Schenkelschlagader, untere Hohlvene

♑ **STEINBOCK:** Knie, Kniescheiben, Meniskus, Haut, Nägel, Haare, Knochen

♒ **WASSERMANN:** Beine, Schienbein, Wadenbein, Fußknöchel, Achillessehne

♓ **FISCHE:** Füße, Zehen, Lymphkreislauf

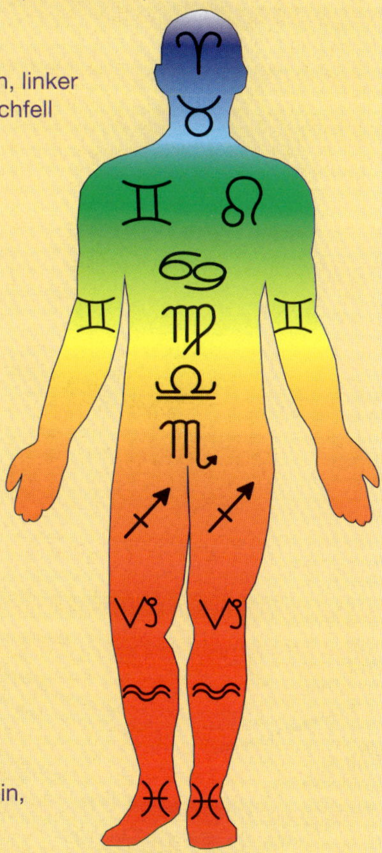

Die Kurven verstehen ...

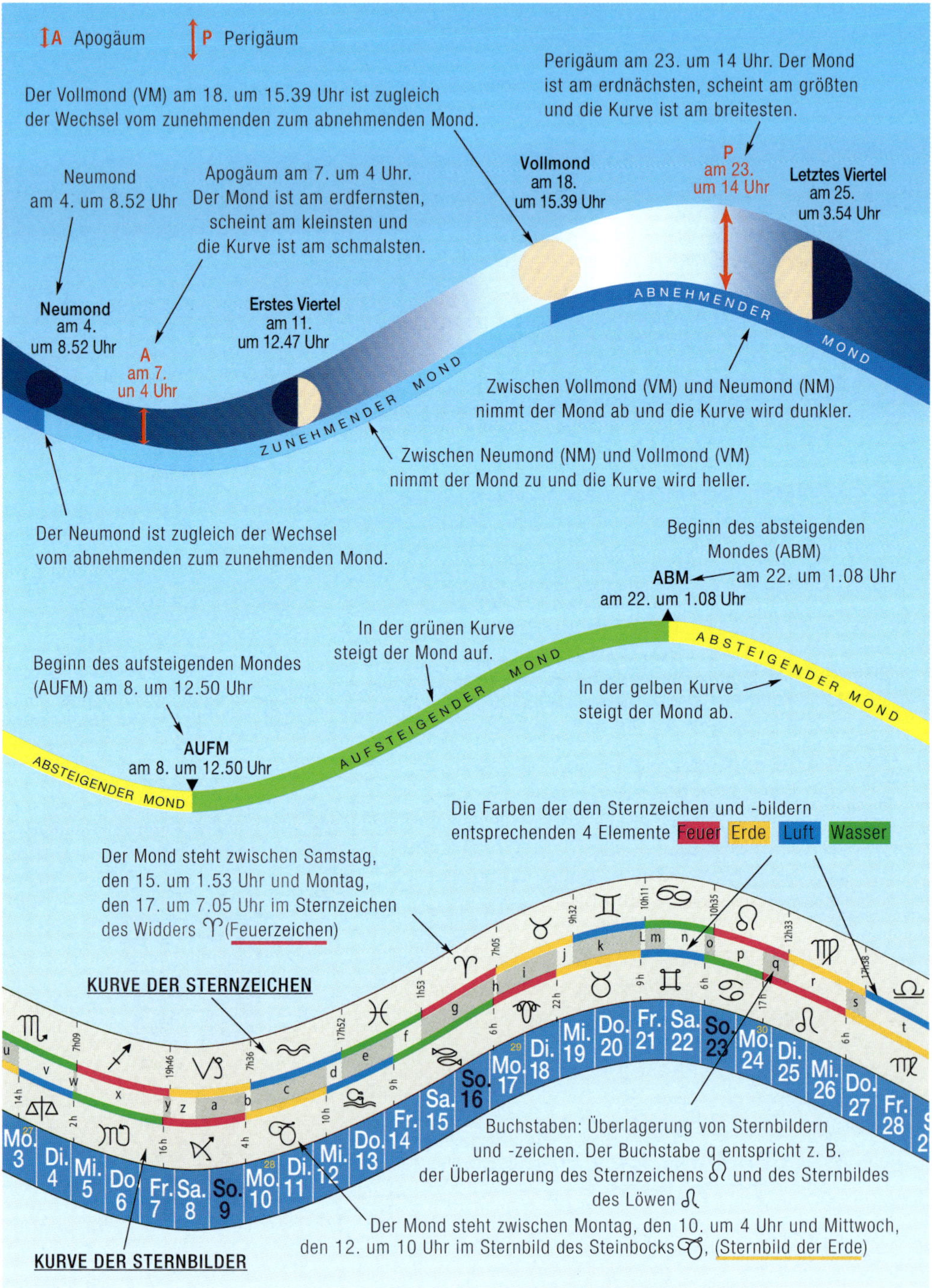

... auf einen Blick

29. Kalenderwoche

Perigäum (P) am 21. um 19 Uhr. Der Nachmittag und Abend sind eine Störzone.

Feiertage in schwarzen Buchstaben

Wochentage in weißen Buchstaben

Weiße Zonen (ohne Sterne) sind neutral

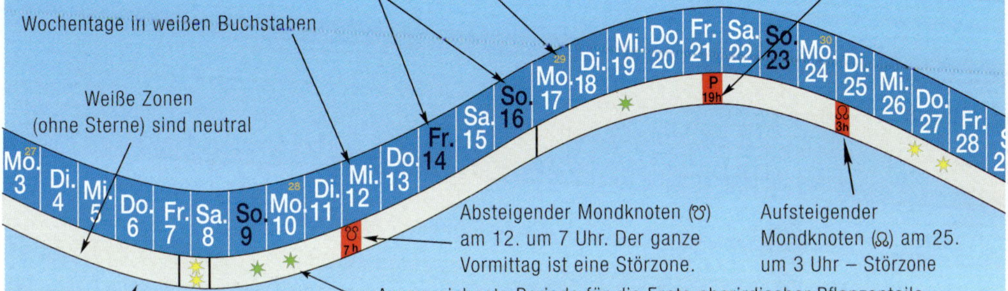

Absteigender Mondknoten (☋) am 12. um 7 Uhr. Der ganze Vormittag ist eine Störzone.

Aufsteigender Mondknoten (☊) am 25. um 3 Uhr – Störzone

Ausgezeichnete Periode für die Ernte oberirdischer Pflanzenteile zwischen Samstag, den 8. mittags und Dienstag, den 11. mitternachts (✱✱)

ERNTEKURVE für oberirdische (✱) und unterirdische (✱) Pflanzenteile.

✱✱ sehr gut ✱ gut neutral *(für leicht verderbliches Erntegut meiden)* negativ

GEMÜSEZEILE (Aussaat, Pflanzung, Bearbeitung)

Am Sonntag des 23. ist der Vormittag ungünstig (–) für Gartenarbeiten

Ausgezeichnete Periode für „Blätterpflanzen" zwischen Freitag, den 14. um 9 Uhr und Montag, den 17. um 6 Uhr.

Wechsel zwischen einem Blättertag und einem Fruchttag am Freitag, den 7. um 16 Uhr

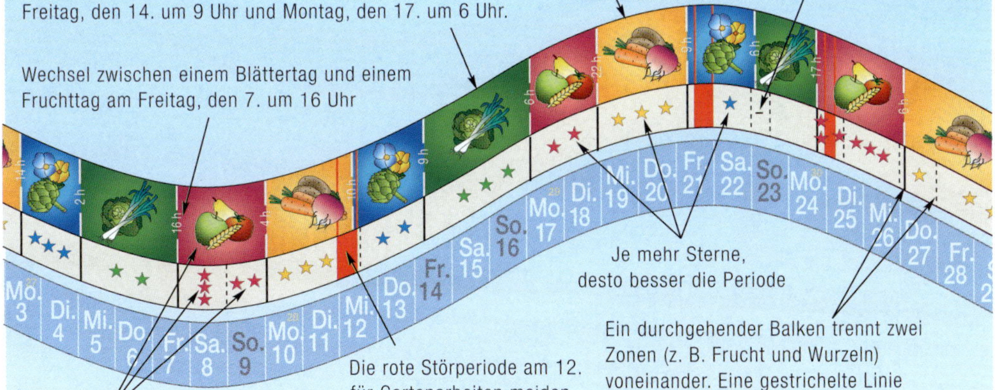

Je mehr Sterne, desto besser die Periode

Die rote Störperiode am 12. für Gartenarbeiten meiden

Ein durchgehender Balken trennt zwei Zonen (z. B. Frucht und Wurzeln) voneinander. Eine gestrichelte Linie trennt die Qualität zweier Perioden innerhalb einer Zone.

Die Farbe der Sterne entspricht dem Element des jeweiligen Sternbildes.

DIE VIER TYPEN DER STERNBILDER ⟹

Früchte/Feuer **Wurzeln**/Erde **Blüten**/Luft **Blätter**/Wasser

★★★ ausgezeichnet ★★ sehr gut ★ gut neutral – ungünstig negativ

JANUAR

Am 3. ist die Erde der Sonne am nächsten (Perihel), und zwar ungefähr 147 Millionen Kilometer.

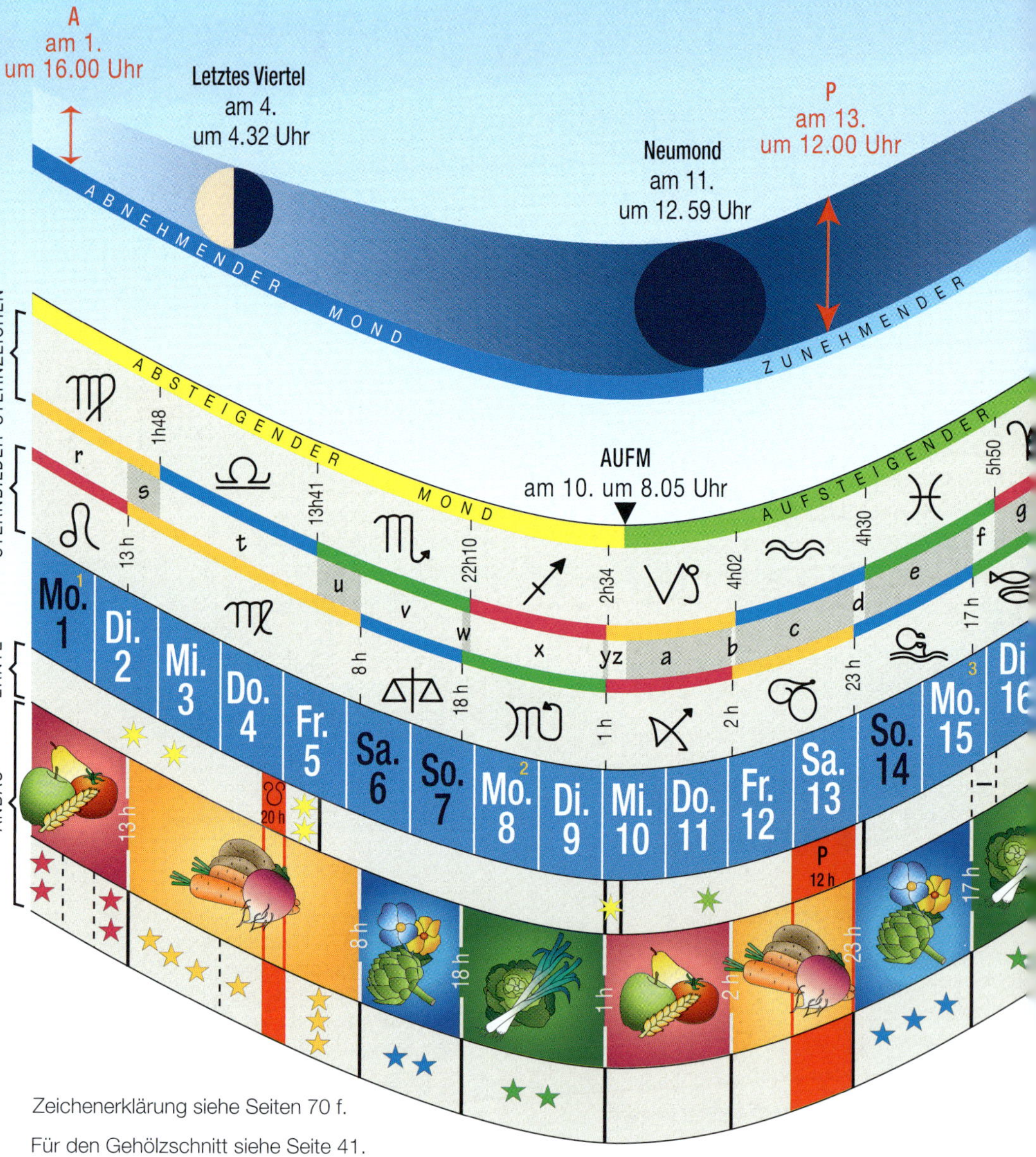

Zeichenerklärung siehe Seiten 70 f.

Für den Gehölzschnitt siehe Seite 41.

Zum Fällen von Feuerholz siehe Seiten 56 f.

Alle Zeiten sind in Lokalzeit (MEZ) angegeben und berücksichtigen auch den Wechsel von Sommer- und Winterzeit.

FEBRUAR

Beginn des chinesischen
Frühlings am 4. um 9 Uhr

Am 10. Februar beginnt das Jahr
des Holzdrachen.

Die Sonne geht am 15. ins Sternbild des Wassermanns.

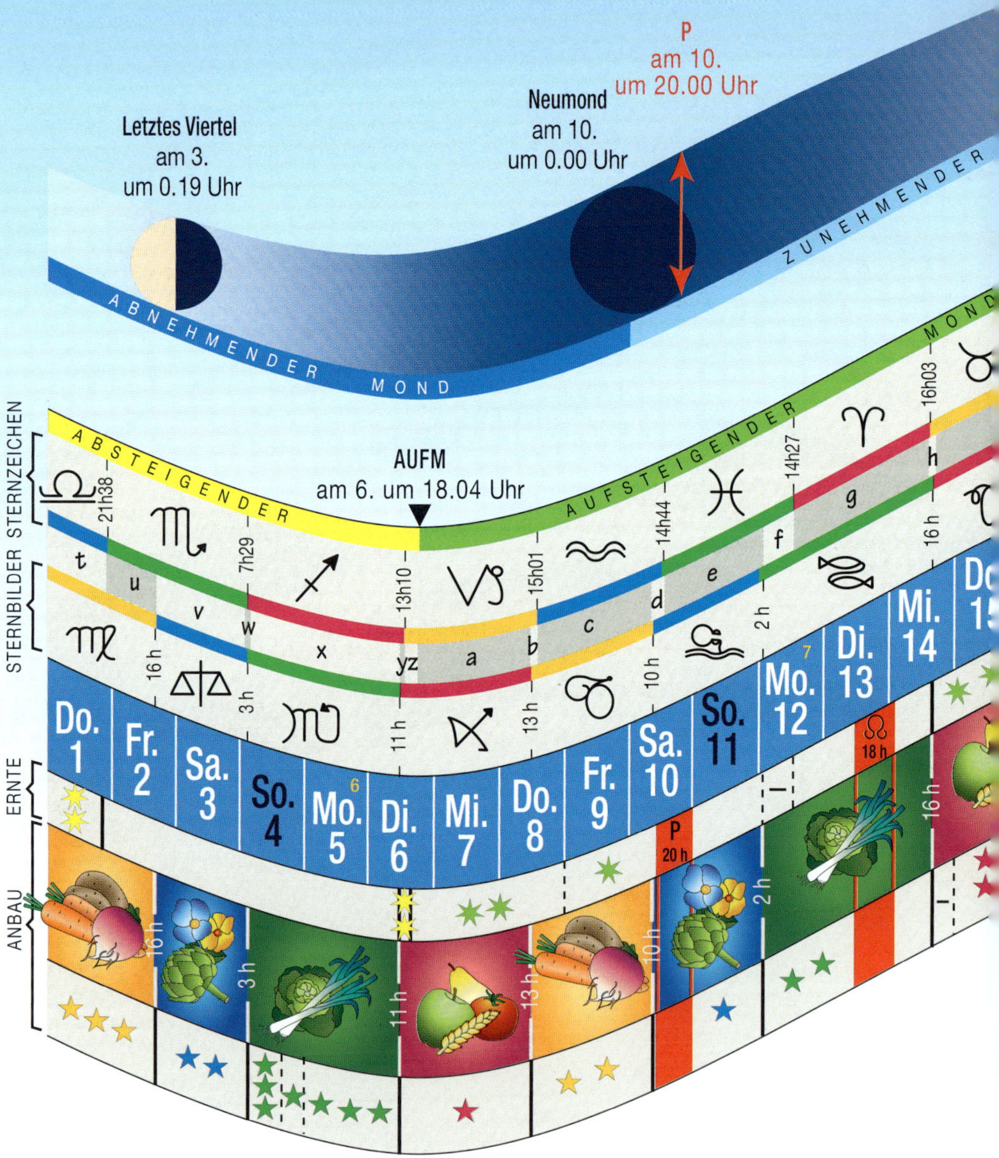

Die Sonne geht am 19. um 5.13 Uhr ins
Zeichen der Fische.

Getreide siehe Seite 49.

Haarschnitt und Enthaarung siehe Seiten 62 und 65.

Alle Bodenarbeiten (besonders die tiefen), Pflanzungen (vom Salat bis hin zum Baum) sowie das Ausbringen von Kompost, Mist usw. sollten nach Möglichkeit bei absteigendem Mond stattfinden, um die Wurzeln der Pflanzen zu stärken (siehe Seite 7).

MÄRZ

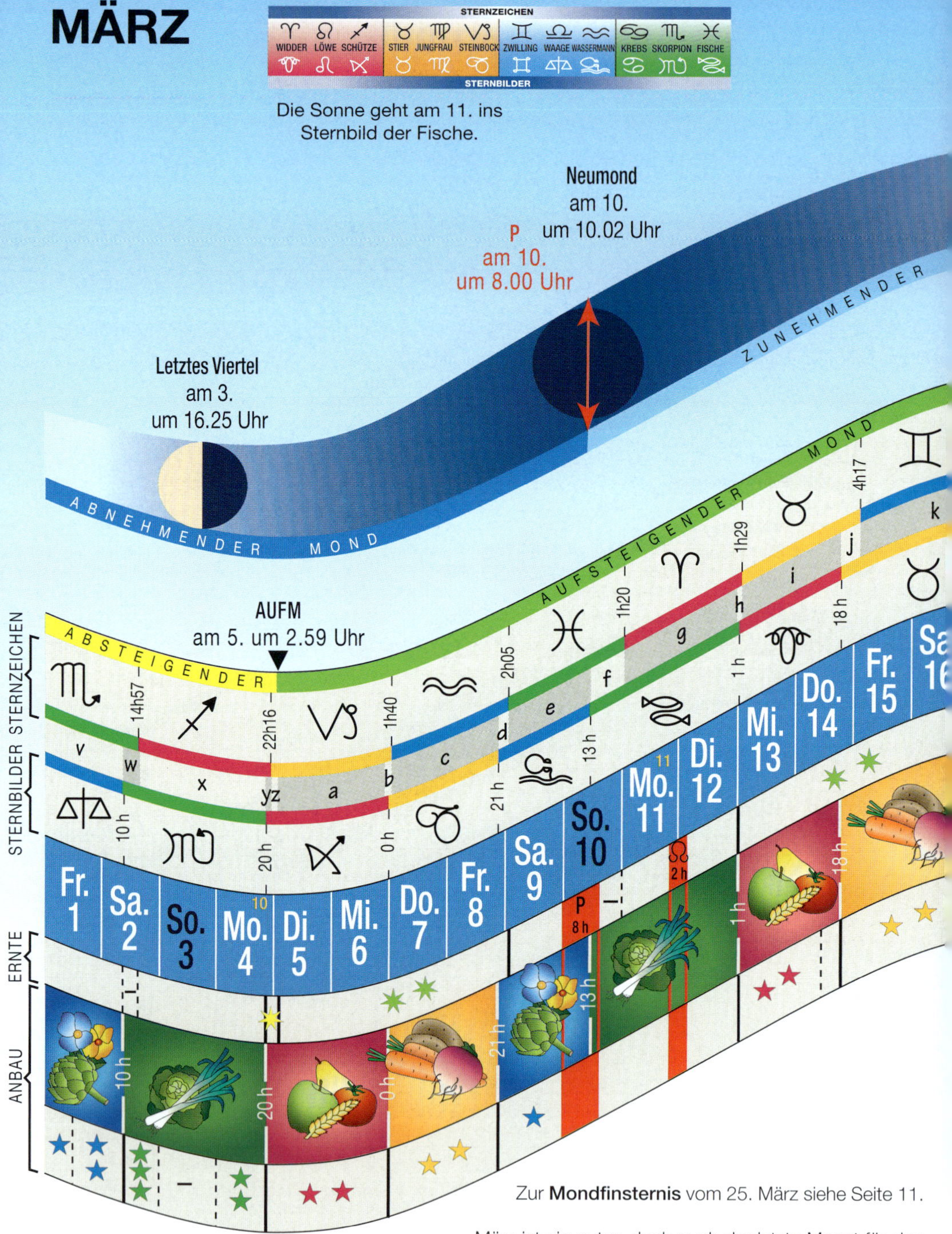

Zur **Mondfinsternis** vom 25. März siehe Seite 11.

März ist ein guter, doch auch der letzte Monat für den **Gehölzschnitt**: Am besten bei absteigendem Mond zwischen dem 1. und 4. oder nach dem 18. März, wobei der 3. und Vormittag des 26. vermieden werden sollten (siehe Seite 41 f.).

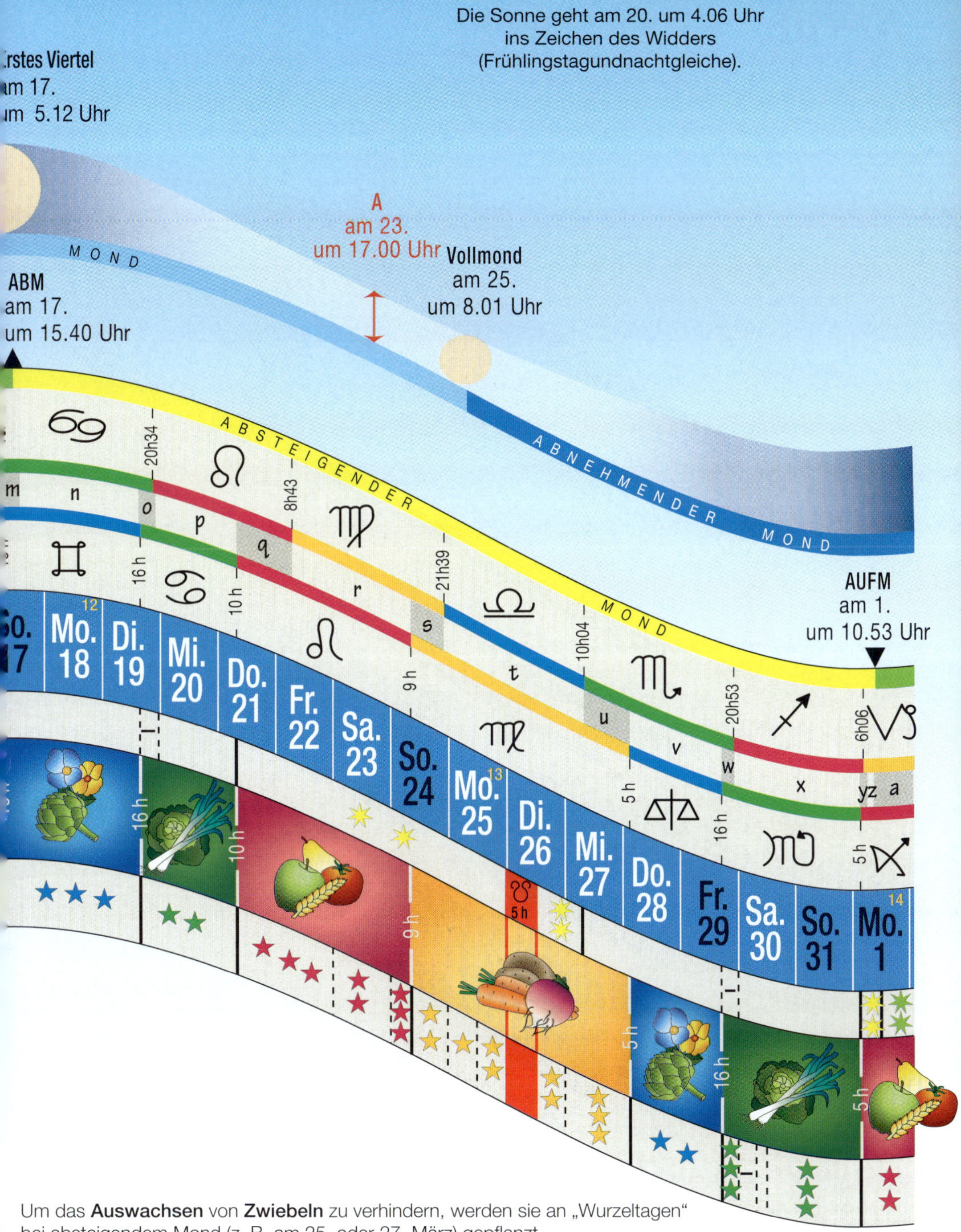

Um das **Auswachsen** von **Zwiebeln** zu verhindern, werden sie an „Wurzeltagen" bei absteigendem Mond (z. B. am 25. oder 27. März) gepflanzt.

Spargel wird am besten bei absteige ndem Mond an einem Blättertag (wie z. B. am 20. oder 31. März) oder Wurzeltag (z. B. am 25. oder 27.) gepflanzt.

APRIL

Der Rotmond beginnt am 8. April.

Beginn der chinesischen Zwischensaison am 17. um 2 Uhr.

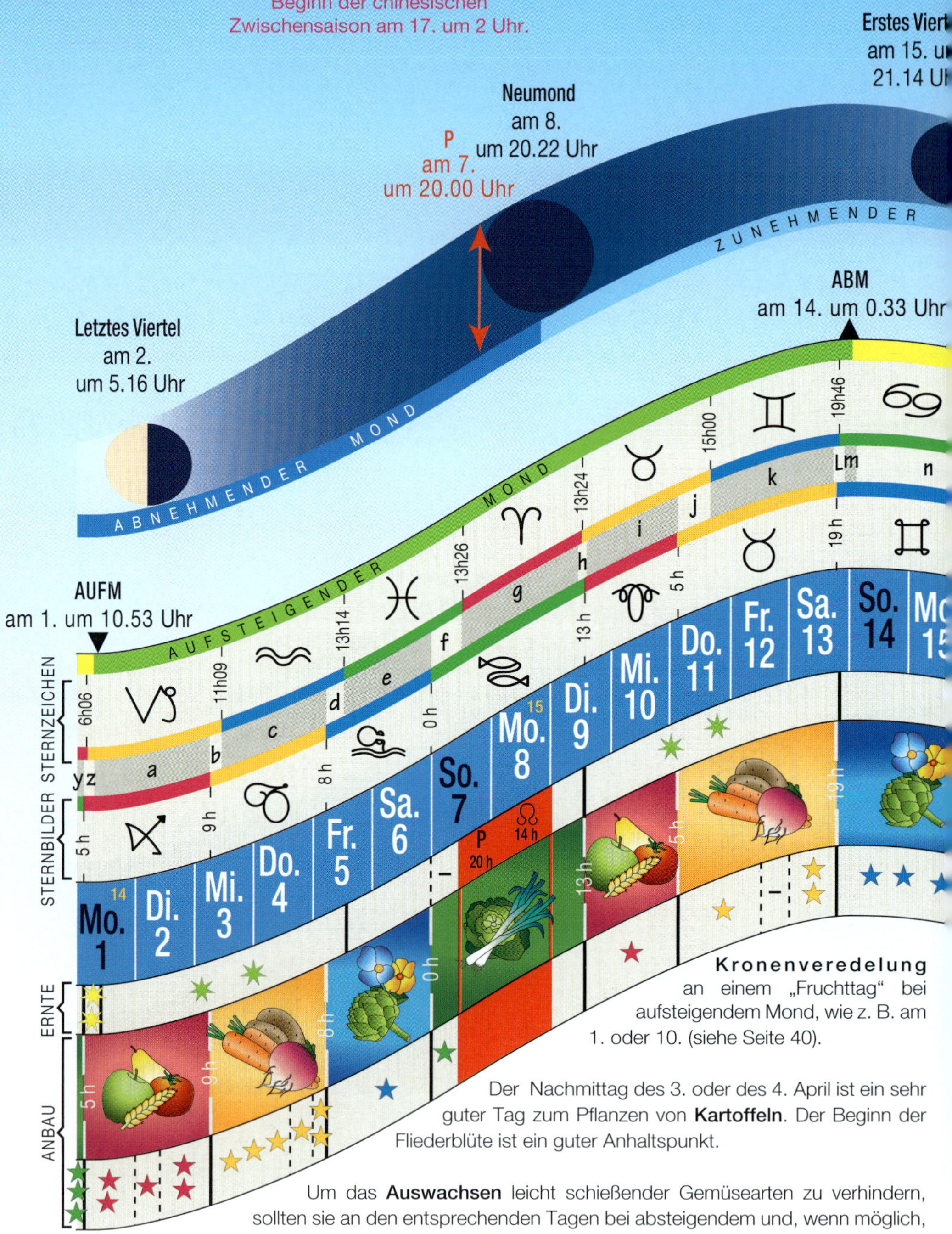

Kronenveredelung an einem „Fruchttag“ bei aufsteigendem Mond, wie z. B. am 1. oder 10. (siehe Seite 40).

Der Nachmittag des 3. oder des 4. April ist ein sehr guter Tag zum Pflanzen von **Kartoffeln**. Der Beginn der Fliederblüte ist ein guter Anhaltspunkt.

Um das **Auswachsen** leicht schießender Gemüsearten zu verhindern, sollten sie an den entsprechenden Tagen bei absteigendem und, wenn möglich, abnehmendem Mond gesät werden Zwiebeln z. B. am 24., Salat am Vormittag des 26.

Die Sonne geht am 18. ins Sternbild des Widders.

Die Sonne geht am 19. um 15.59 Uhr ins Zeichen des Stiers.

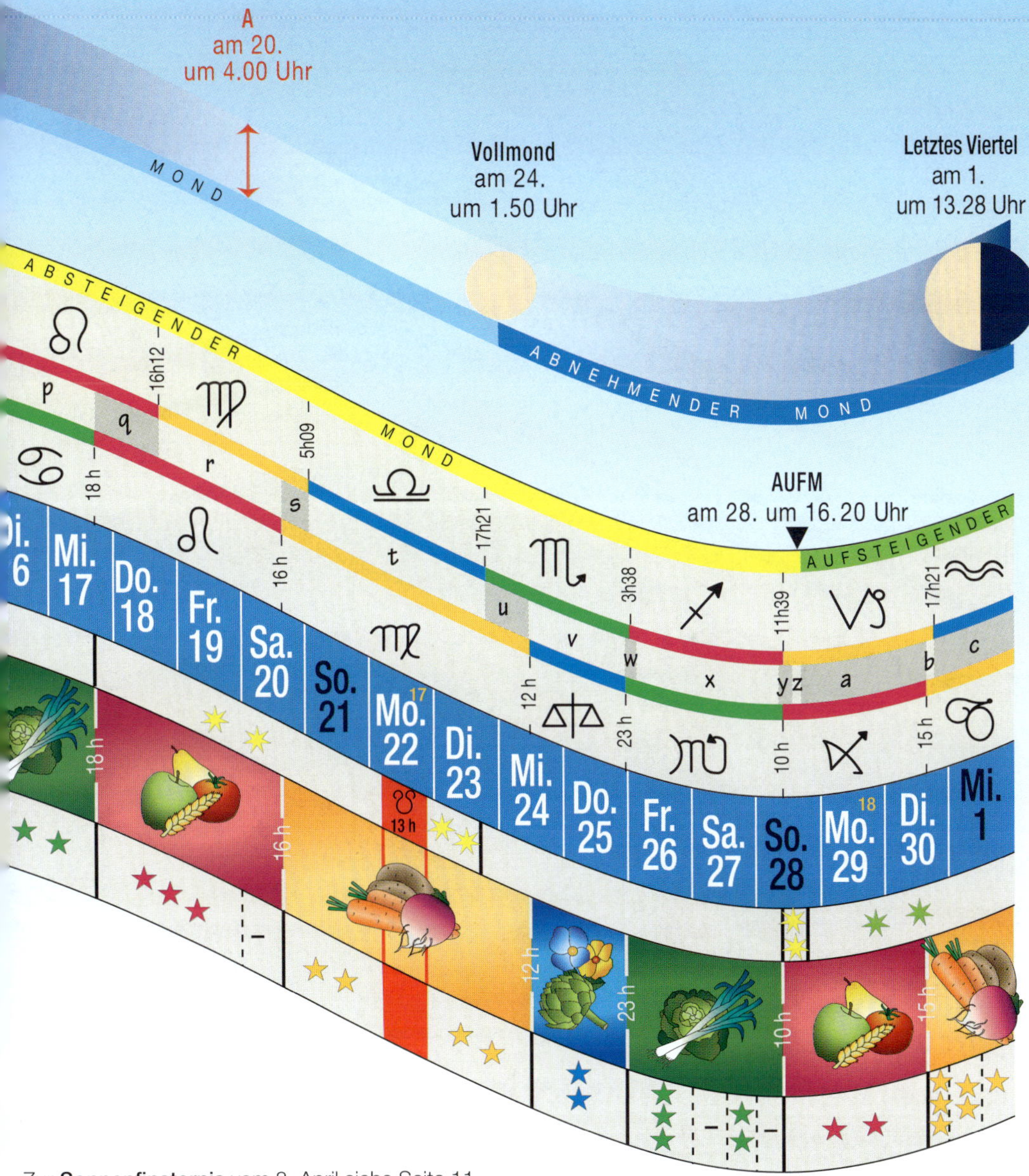

Zur **Sonnenfinsternis** vom 8. April siehe Seite 11.

MAI

Beginn des chinesischen Sommers am 5. um 2 Uhr.

Der Rotmond endet am 8. Mai.

Die Sonne geht am 13. ins Sternbild des Stiers.

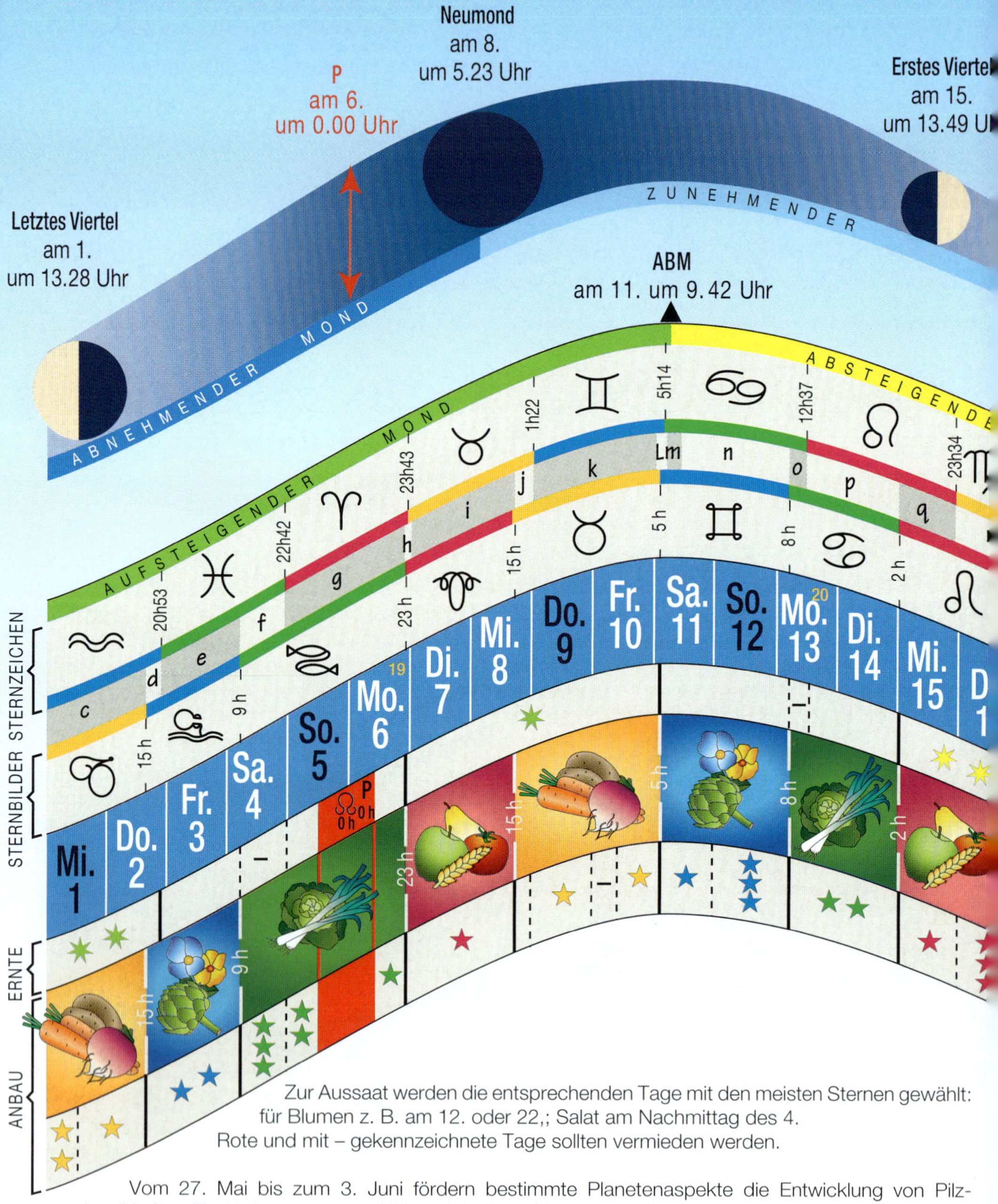

Zur Aussaat werden die entsprechenden Tage mit den meisten Sternen gewählt: für Blumen z. B. am 12. oder 22,; Salat am Nachmittag des 4.

Rote und mit – gekennzeichnete Tage sollten vermieden werden.

Vom 27. Mai bis zum 3. Juni fördern bestimmte Planetenaspekte die Entwicklung von Pilzkrankheiten. Zur Vorbeugung empfehlen wir in dieser Zeit, regelmäßig Schachtelhalmabsud (Kieselsäure) zu sprühen. Auch die Verwendung von Komposttee (Seite 27 und 30) erweist sich als sehr wirksam.

Die Sonne geht am 20. um 14.59 Uhr ins Zeichen der Zwillinge.

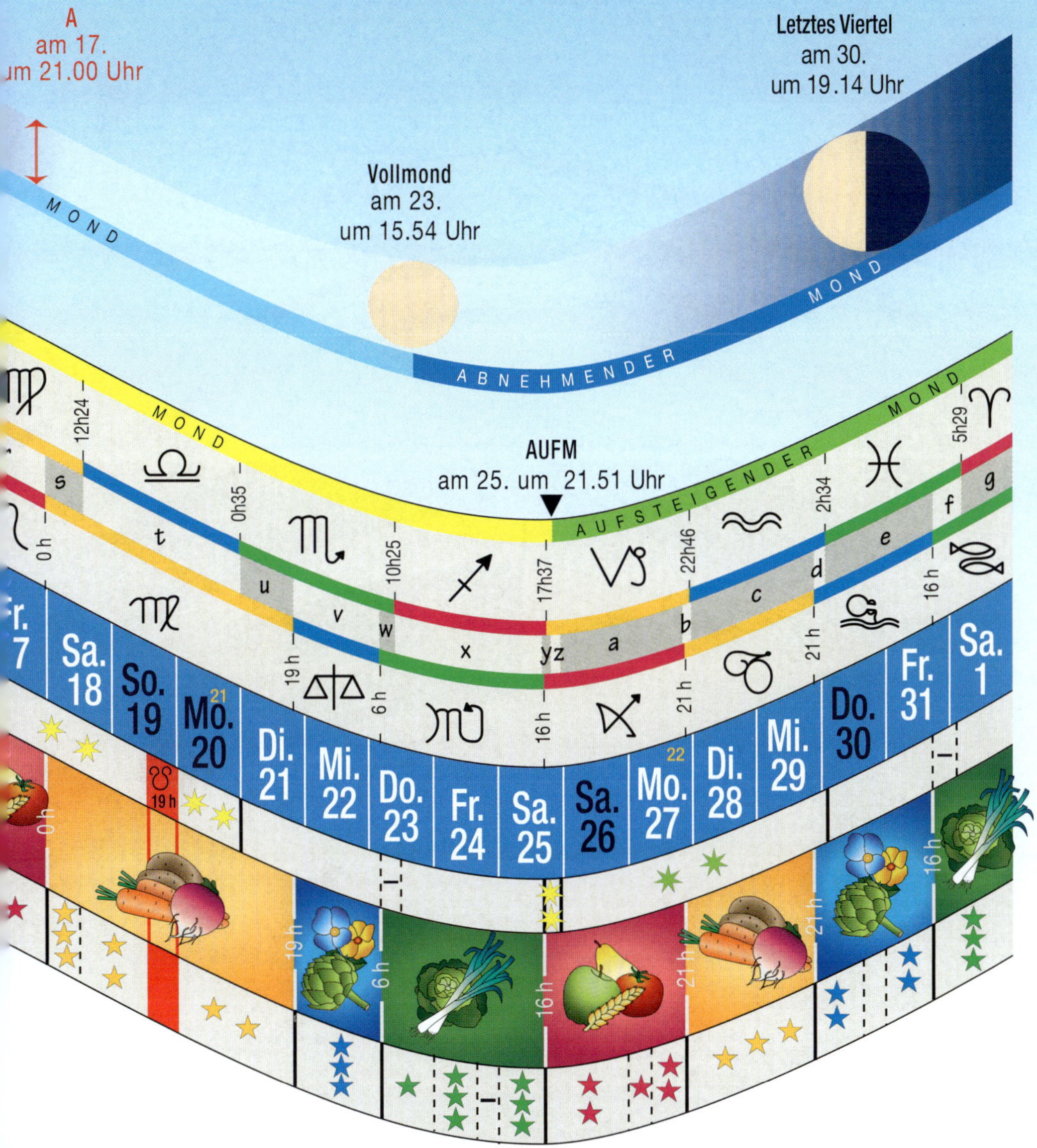

JUNI

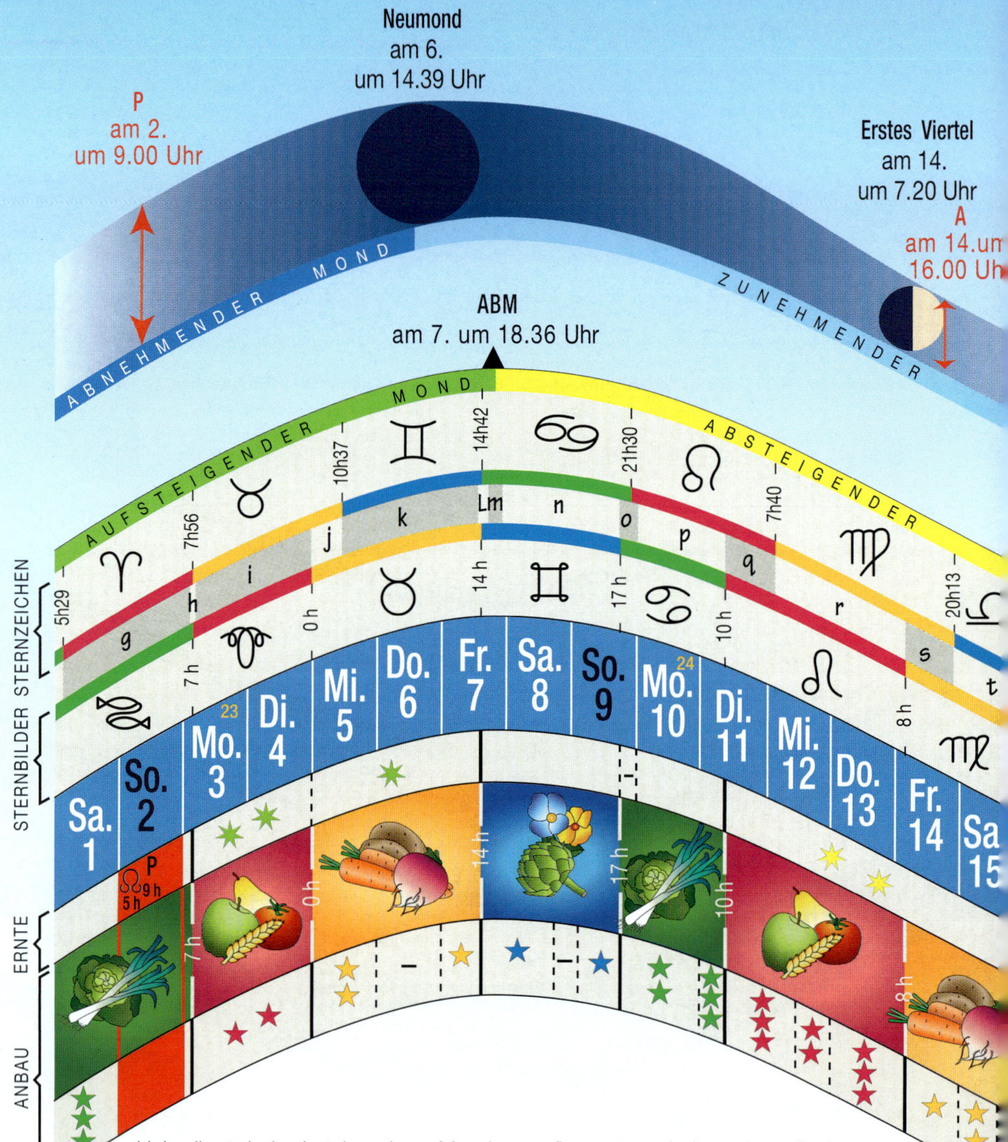

Unbedingt bei absteigendem Mond auspflanzen, wobei auch auf das entsprechende Sternbild geachtet werden sollte. Lauch z. B. am 10. oder 20. Juni.

Zur Heuernte siehe Seite 48.

Schachtelhalm bei aufsteigendem Mond in einem Sternbild der Erde (wie z. B. am 24. oder am 25. Juni) ernten.

Soll der **Rasen** nicht so schnell wieder nachwachsen, so sollte an den auf Seite 47 angeführten Daten gemäht werden.

Die Sonne geht am 20. um 22.50 Uhr ins Zeichen des Krebses (Sommersonnenwende).

Die Sonne geht am 19. ins Sternbild der Zwillinge.

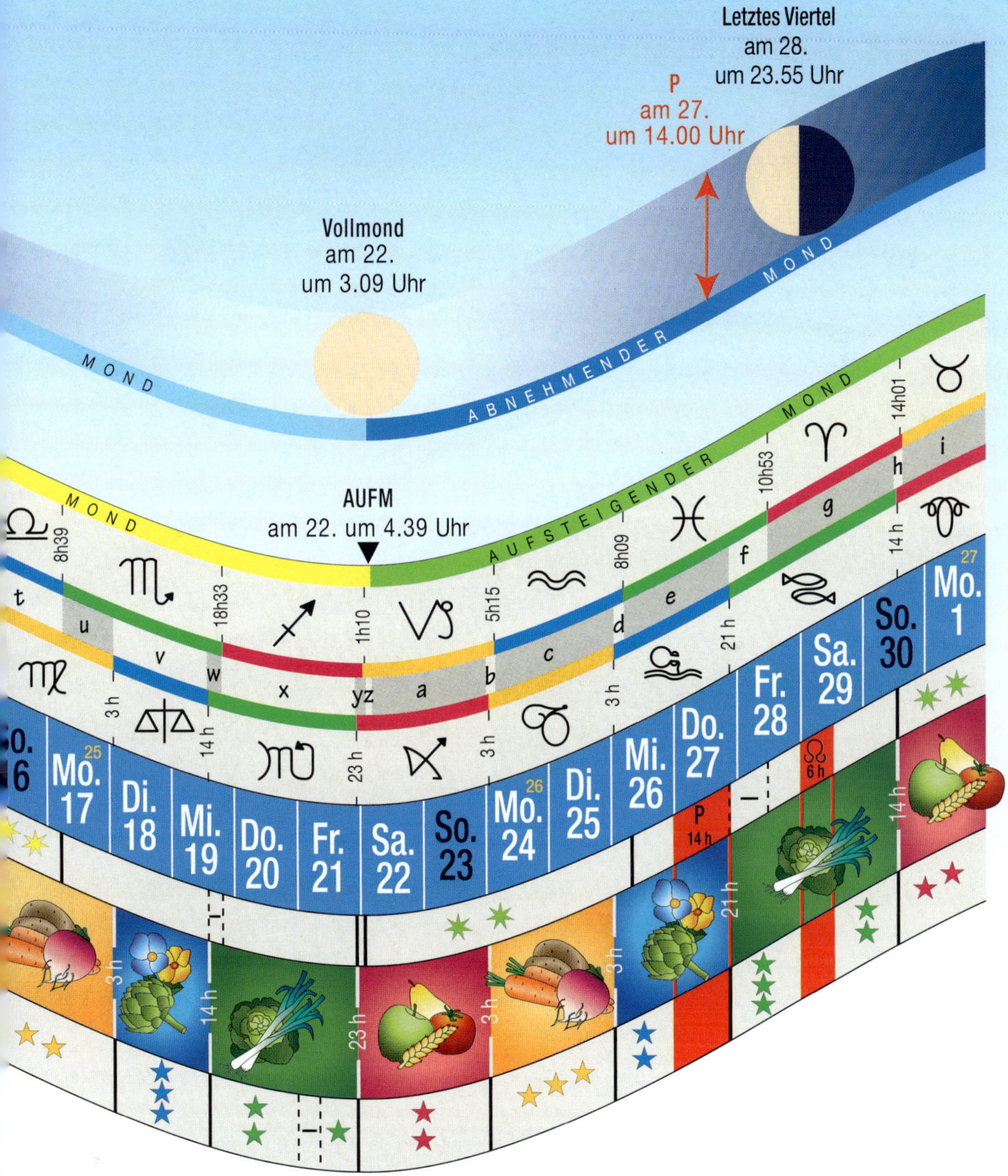

JULI

Am 5. ist die Erde am weitesten von der Sonne entfernt (Aphel), und zwar ungefähr 152 Millionen km.

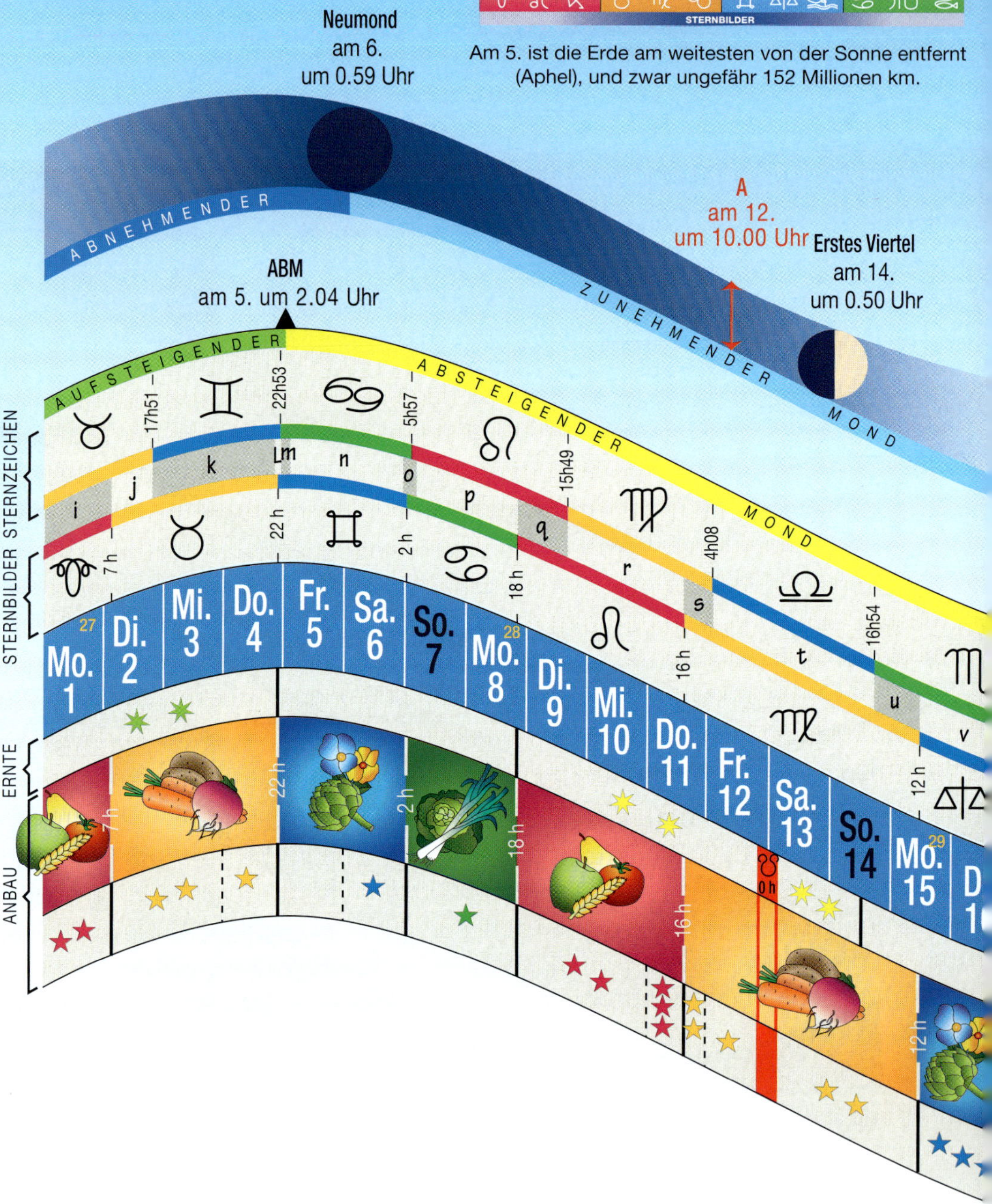

In **Trockenperioden** sollte eher gelegentlich, aber ausgiebig, als häufig und nur wenig gegossen werden, um oberflächliche Wurzelbildung zu verhindern. Wird der Boden einige Stunden nach dem Gießen gelockert, so verhindert das übermäßige Verdunstung.

Die Sonne geht am 19. ins Sternbild des Krebses.

Beginn der chinesischen Zwischensaison am 20. um 2 Uhr.

Die Sonne geht am 22. um 9.44 Uhr ins Zeichen des Löwen.

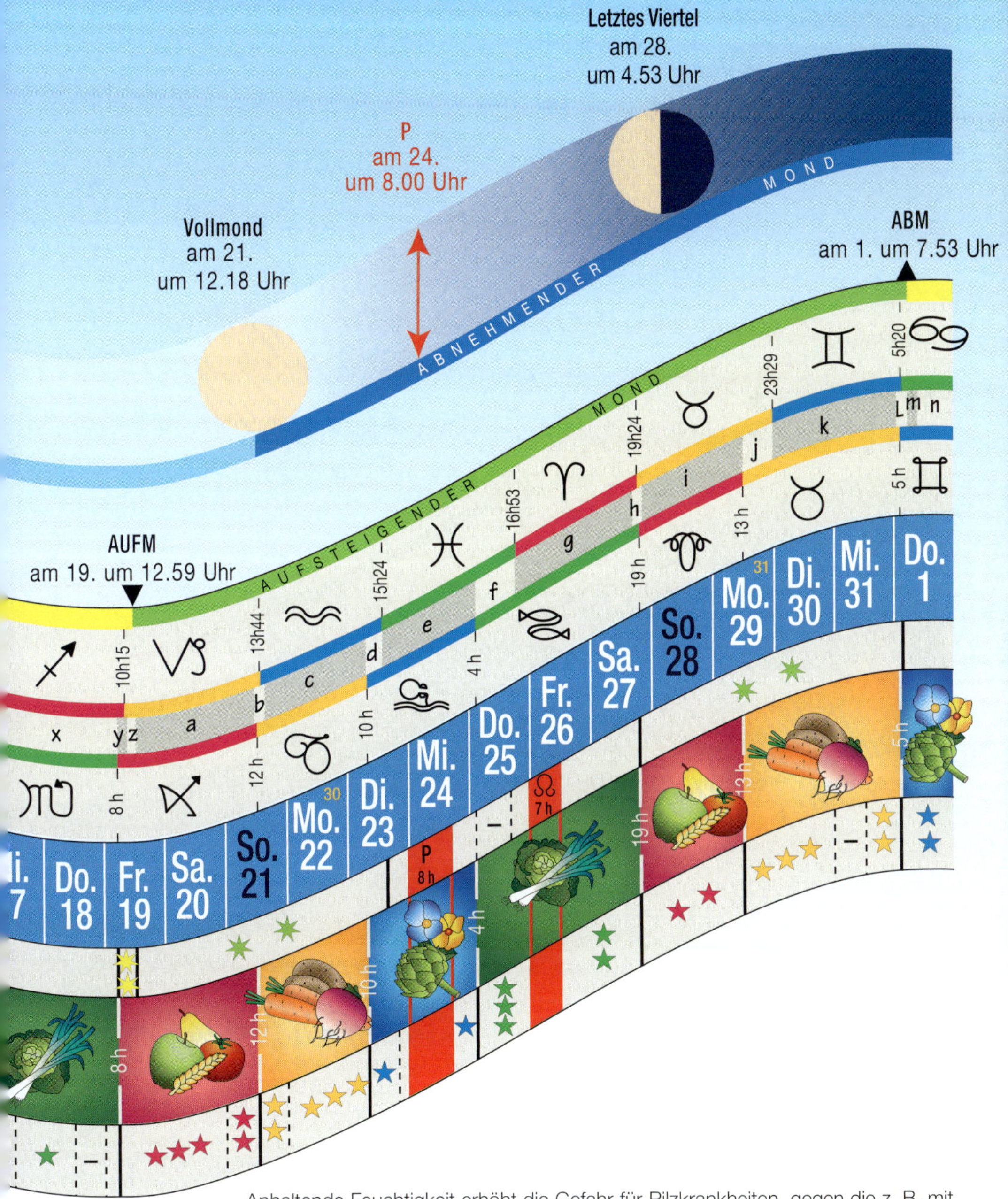

Anhaltende Feuchtigkeit erhöht die Gefahr für Pilzkrankheiten, gegen die z. B. mit Schachtelhalmabsud vorgegangen werden kann.

AUGUST

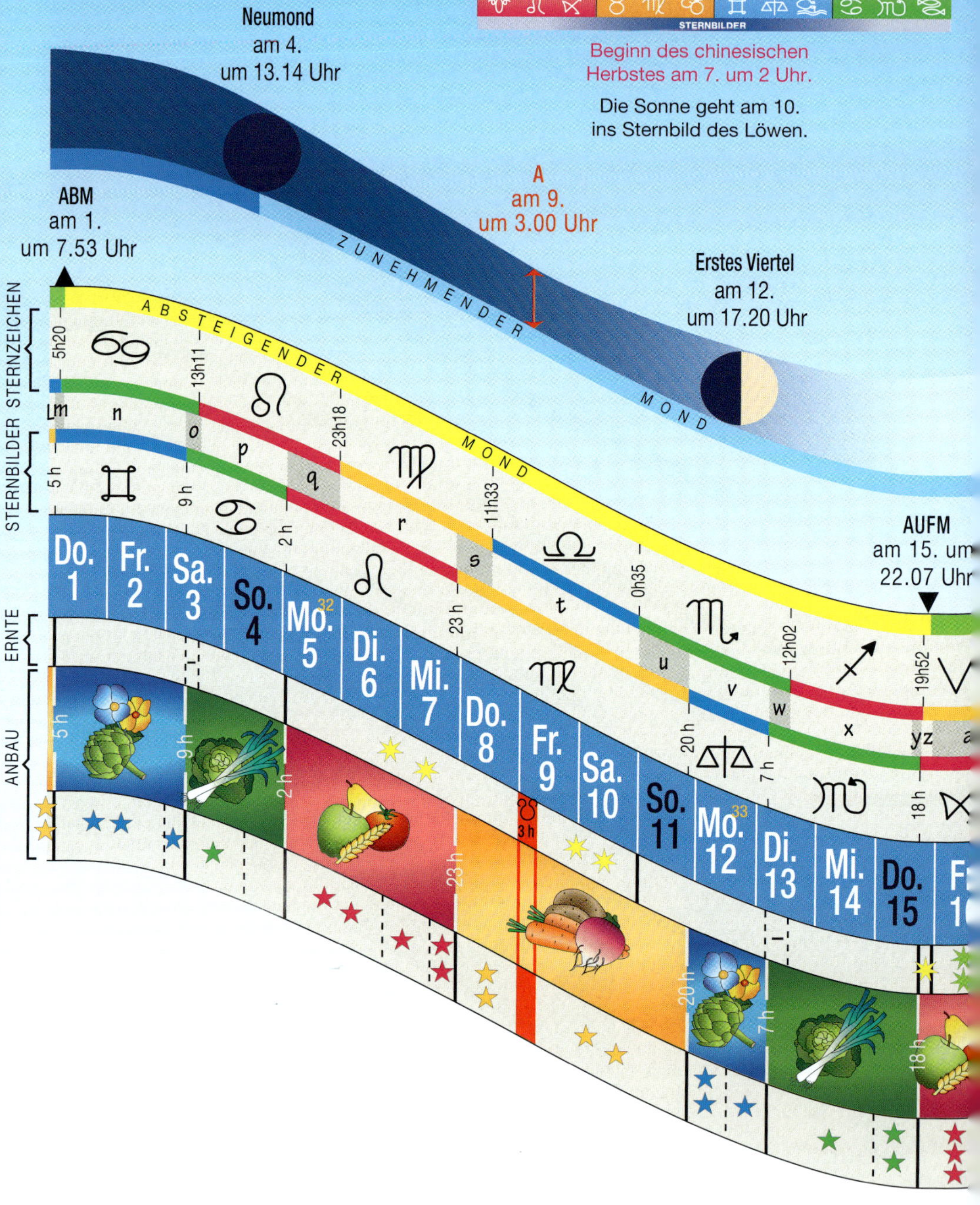

Erdbeeren am besten in der q-Phase am 5. August pflanzen.

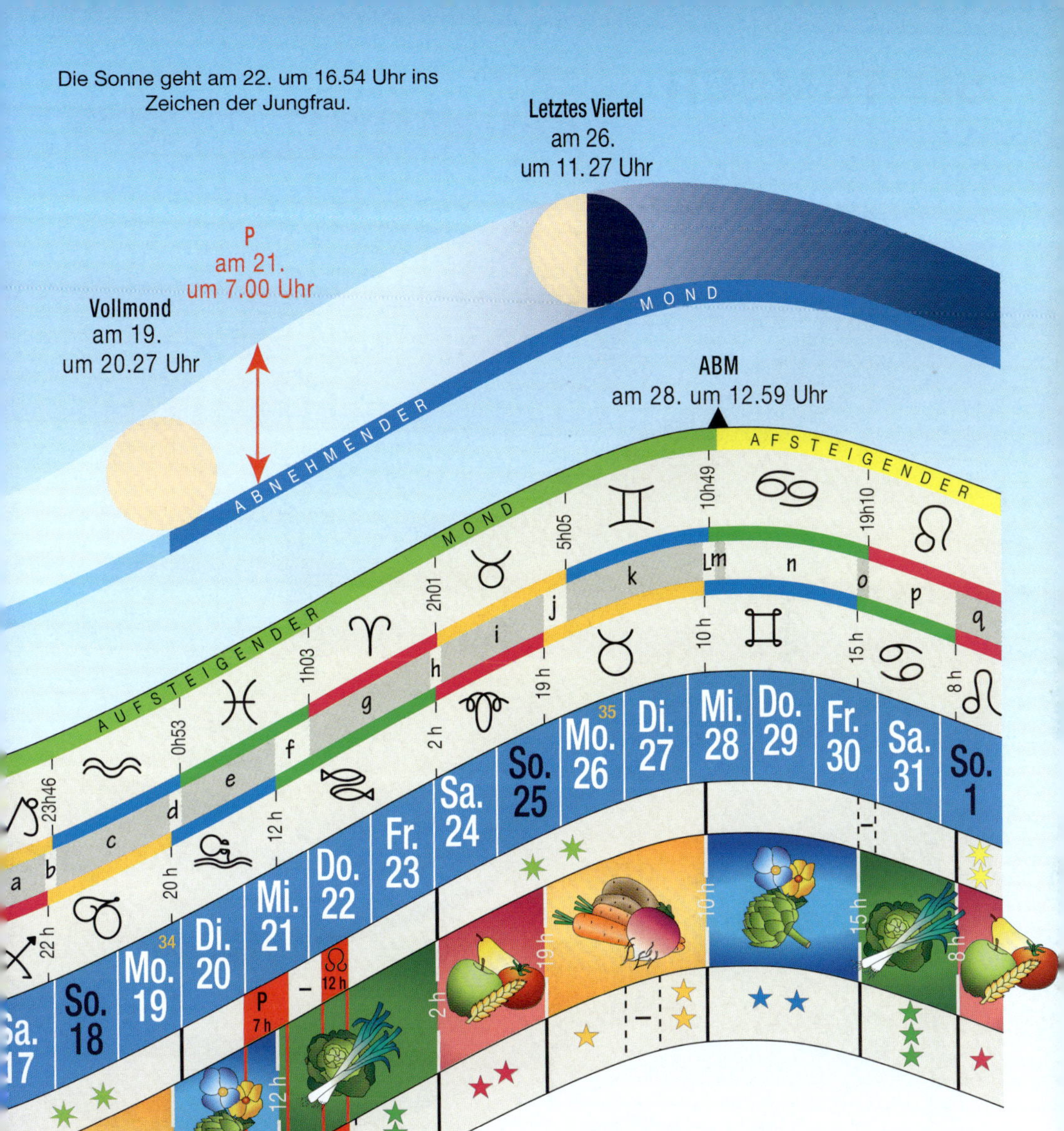

Vom 21. bis 25. August fördern bestimmte Planetenaspekte die Entwicklung von Pilzkrankheiten. Zur Vorbeugung empfehlen wir in dieser Zeit, regelmäßig Schachtelhalmabsud (Kieselsäure) zu sprühen. Auch die Verwendung von Komposttee (Seite 27 und 30) erweist sich als sehr wirksam.

Zur **Augenveredelung** siehe Seite 40.

Chrysanthemen werden beim Mond im Sternbild der Waage, z. B. am 12. August, geschnitten.

Stecklinge von **Geranien** werden am besten bei aufsteigendem Mond an einem „Blütentag", z. B. am 20., an den Knoten der härteren Stängel geschnitten. Die erste Wurzelbildung wird in Wasser oder Torfmull beschleunigt, bevor sie in Blumenerde gesetzt werden.

SEPTEMBER

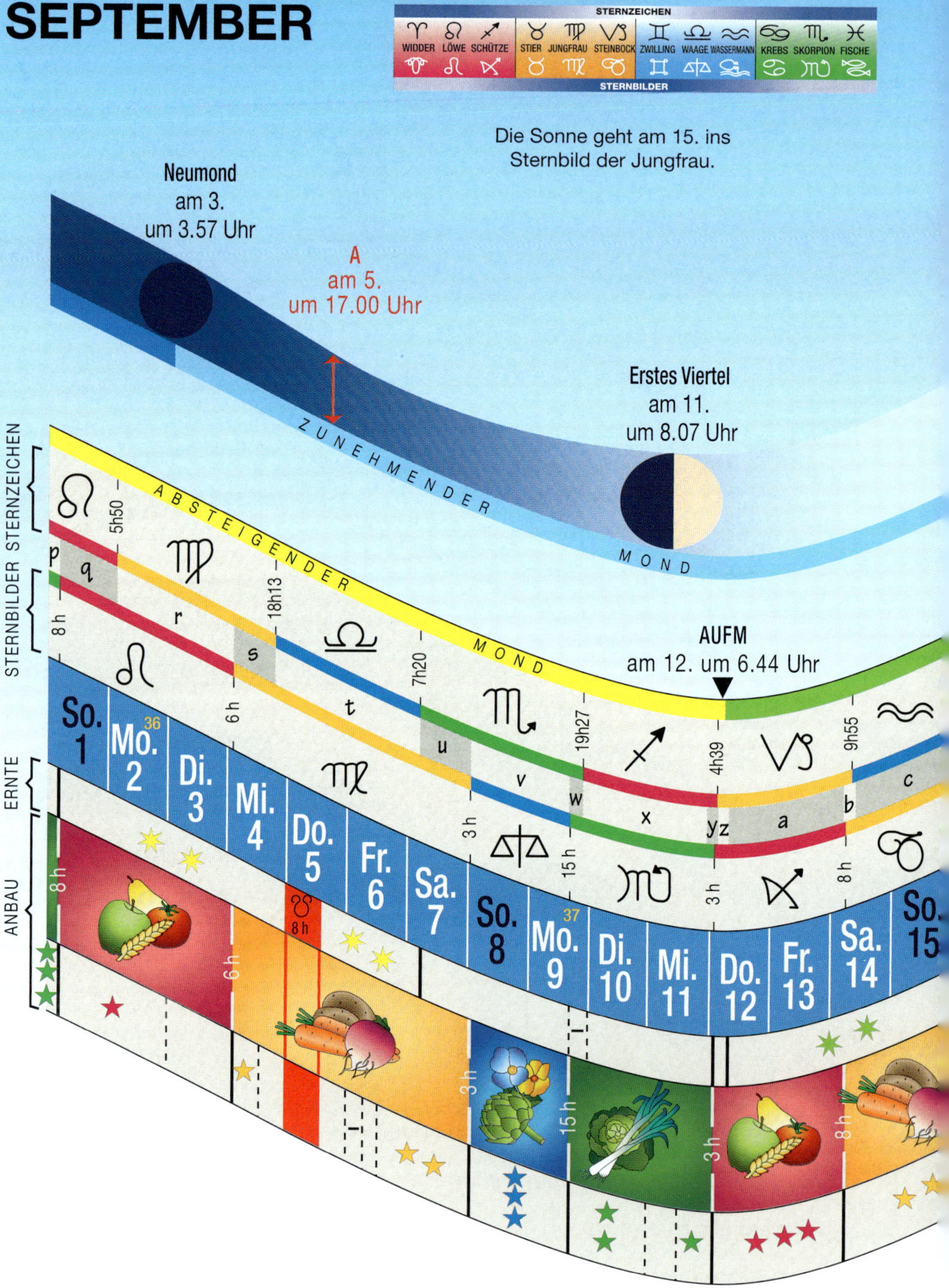

STERNZEICHEN
WIDDER LÖWE SCHÜTZE STIER JUNGFRAU STEINBOCK ZWILLING WAAGE WASSERMANN KREBS SKORPION FISCHE
STERNBILDER
Die Sonne geht am 15. ins Sternbild der Jungfrau.
Neumond am 3. um 3.57 Uhr
A am 5. um 17.00 Uhr
Erstes Viertel am 11. um 8.07 Uhr
ZUNEHMENDER MOND
ABSTEIGENDER MOND
AUFM am 12. um 6.44 Uhr
STERNZEICHEN
STERNBILDER
ERNTE
ANBAU
5h50
18h13
7h20
19h27
4h39
9h55
8 h
6 h
3 h
15 h
p q r s t u v w x y z a b c
So. 1
Mo. 2
36
Di. 3
Mi. 4
Do. 5
Fr. 6
Sa. 7
So. 8
Mo. 9
37
Di. 10
Mi. 11
Do. 12
Fr. 13
Sa. 14
So. 15

Zur **Mondfinsternis** vom 18. September siehe Seite 11.

Erdbeeren am 1. September oder am Nachtmitag des 28. August auspflanzen.

Mist und **Kompost** werden am besten bei absteigendem Mond an den auf Seite 26 angegebenen Daten ausgebracht.

Zur Getreideernte siehe Seite 49, für die Weinlese Seite 54.

Obst sollte am besten nach den auf Seite 37 angegebenen Hinweisen geerntet und gelagert werden.

OKTOBER

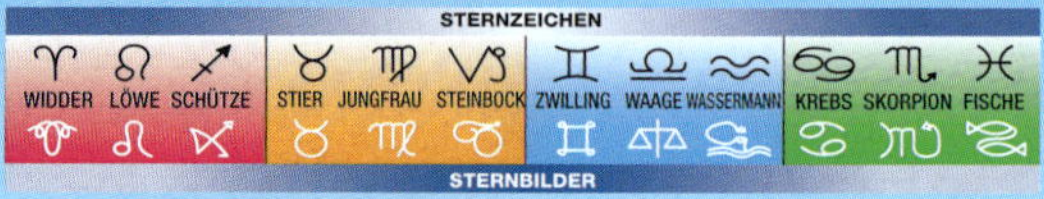

STERNZEICHEN
WIDDER LÖWE SCHÜTZE STIER JUNGFRAU STEINBOCK ZWILLING WAAGE WASSERMANN KREBS SKORPION FISCHE
STERNBILDER

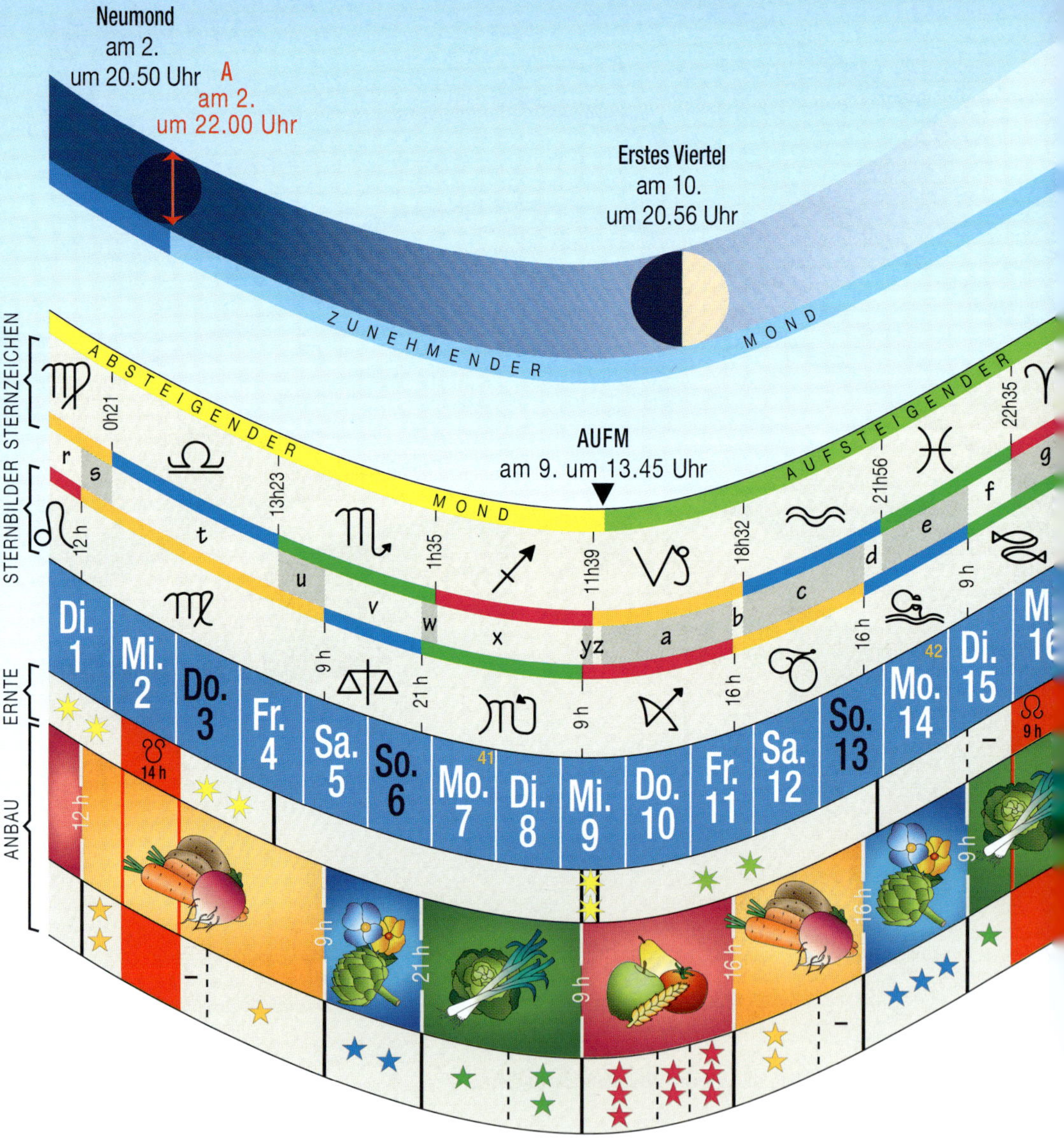

Neumond
am 2.
um 20.50 Uhr
A
am 2.
um 22.00 Uhr
Erstes Viertel
am 10.
um 20.56 Uhr
ZUNEHMENDER MOND
ABSTEIGENDER MOND
AUFSTEIGENDER
AUFM
am 9. um 13.45 Uhr
STERNZEICHEN
STERNBILDER
ERNTE
ANBAU
0h21
13h23
1h35
11h39
18h32
21h56
22h35
12 h
9 h
21 h
16 h
14 h
r s t u v w x yz a b c d e f g
Di. 1
Mi. 2
Do. 3
Fr. 4
Sa. 5
So. 6
41
Mo. 7
Di. 8
Mi. 9
Do. 10
Fr. 11
Sa. 12
So. 13
42
Mo. 14
Di. 15
M. 16

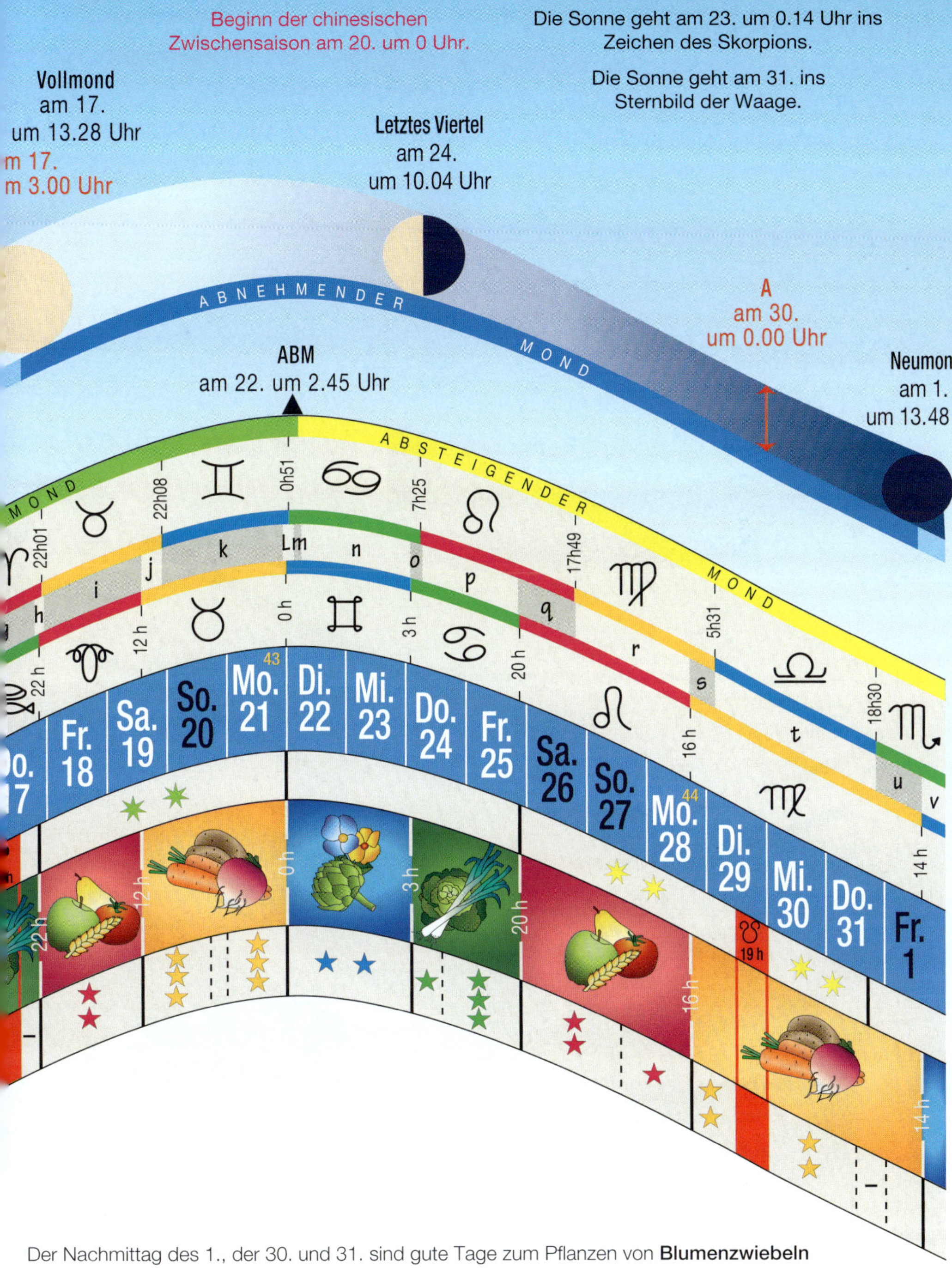

Der Nachmittag des 1., der 30. und 31. sind gute Tage zum Pflanzen von **Blumenzwiebeln** (Tulpen, Narzissen, Krokus usw.).

Zur **Sonnenfinsternis** vom 2. Oktober siehe Seite 11.

NOVEMBER

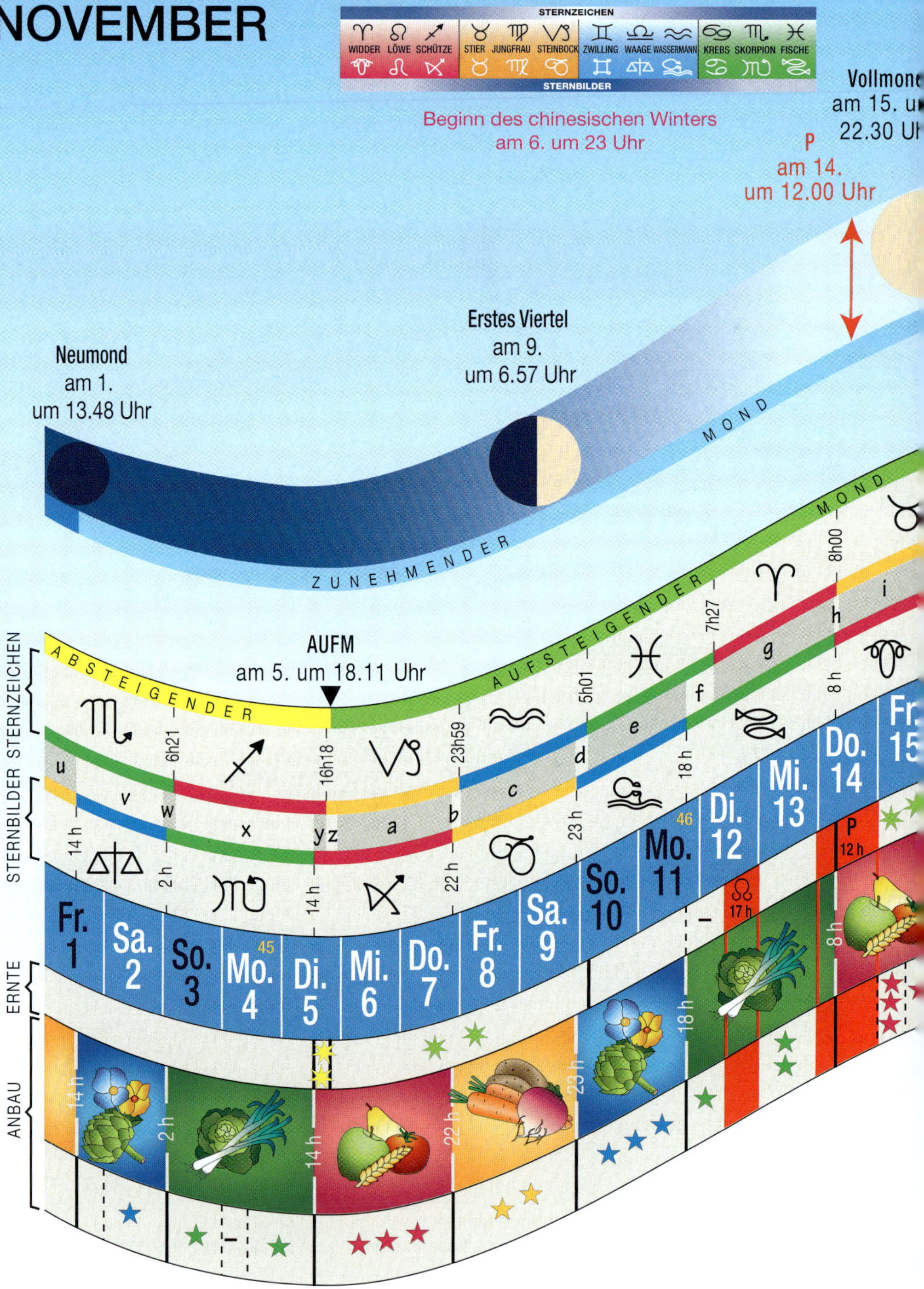

Holz wird am besten bei absteigender Sonne, also im November und Dezember, geschlagen (siehe Seite 56).

Die Sonne geht am 18. ins Sternbild des Skorpions.

Die Sonne geht am 21. um 20.56 Uhr ins Zeichen des Schützen.

Wurzel- und Knollengemüse lagert sich am besten, wenn es an Tagen mit zwei gelben Erntesternen geerntet wird (z. B. zwischen dem 22. und 27. November).

DEZEMBER

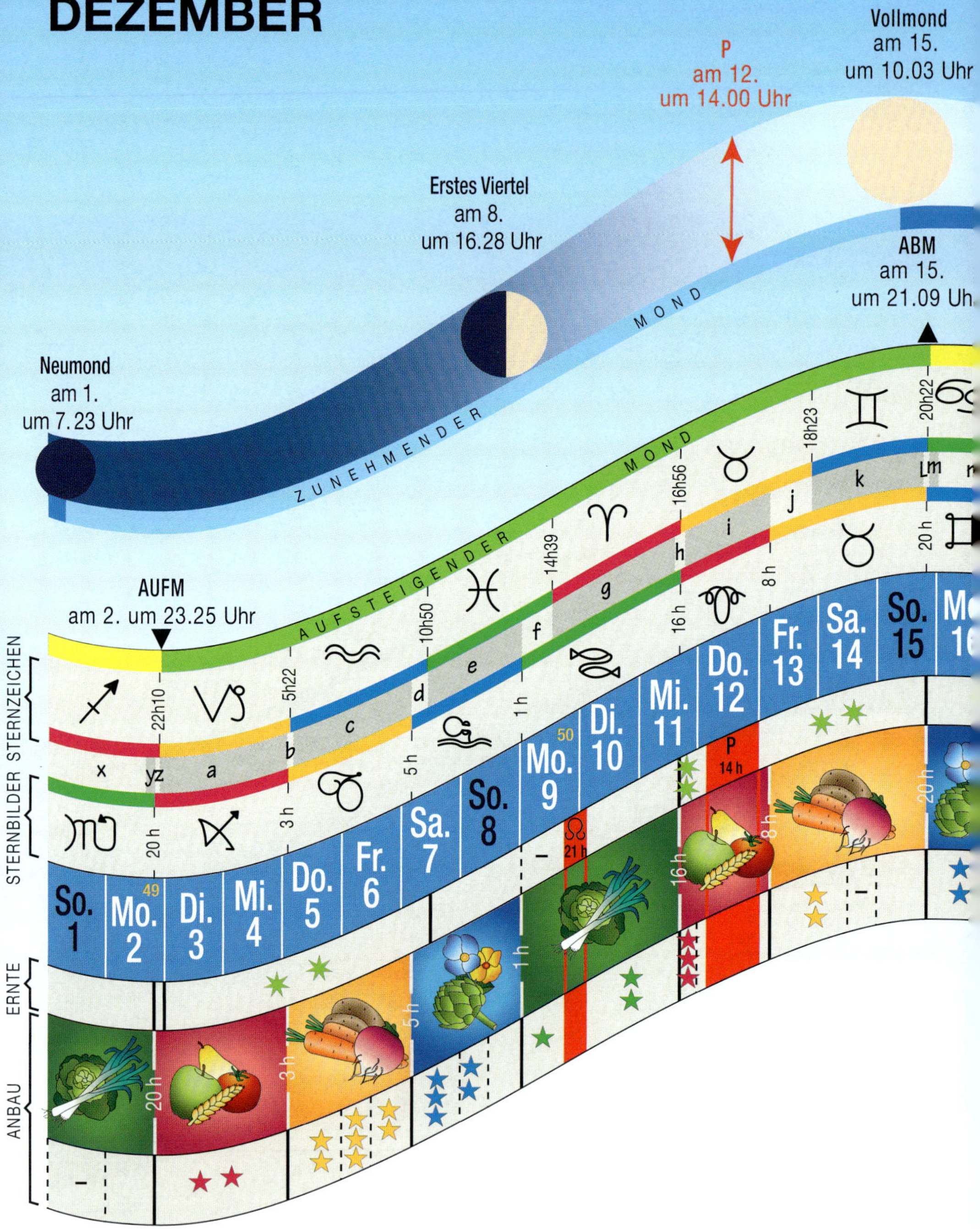

Für **Nutzholz** siehe Seite 56. **Brennholz** wird am besten bei absteigendem Mond zwischen dem 16. und 29. Dezember geschlagen.

Die Sonne geht am 19. ins Sternbild des Schützen.

Die Sonne geht am 21. um 10.20 Uhr ins Zeichen des Steinbocks (Wintersonnwende).

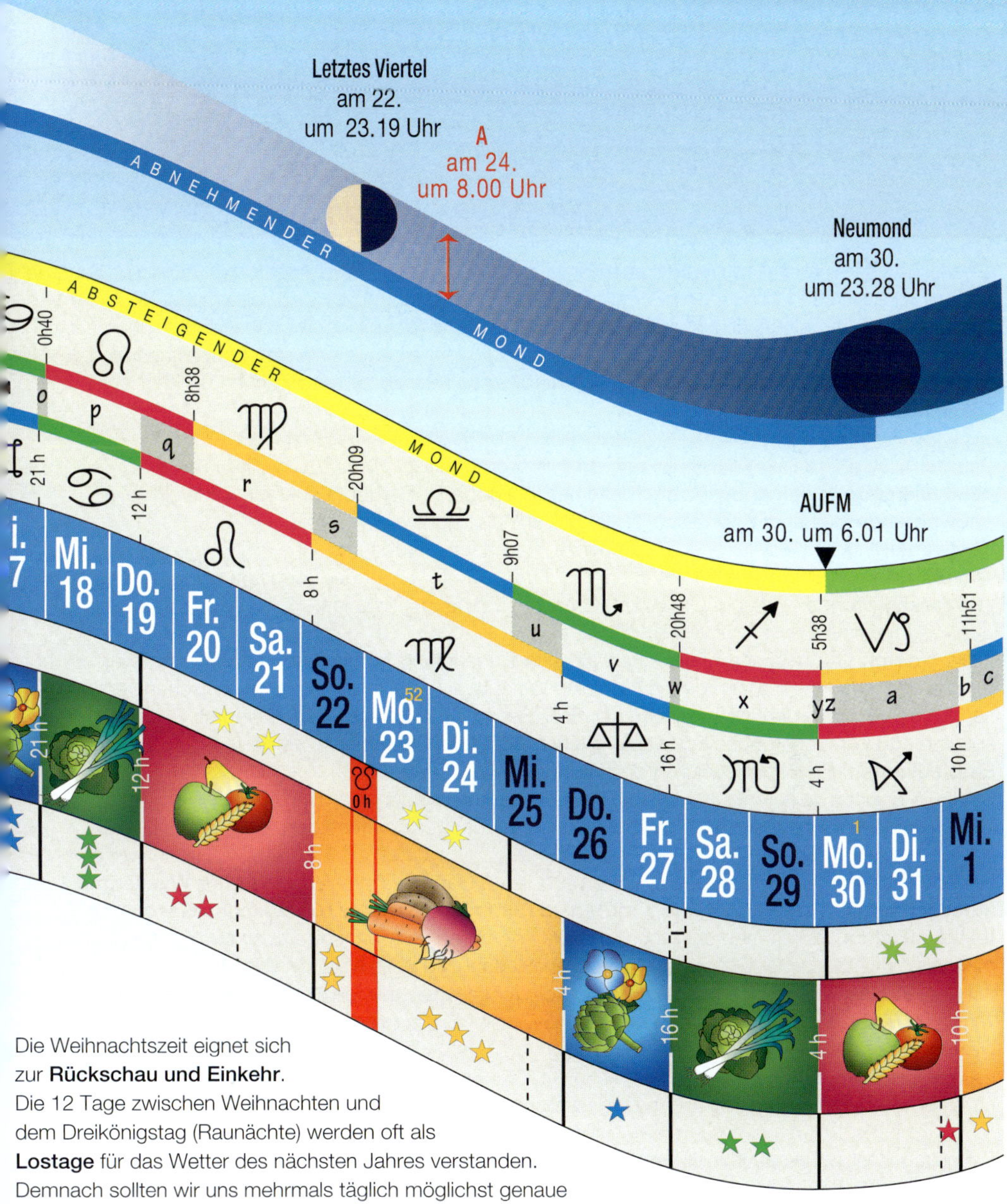

Die Weihnachtszeit eignet sich zur **Rückschau und Einkehr**.
Die 12 Tage zwischen Weihnachten und dem Dreikönigstag (Raunächte) werden oft als **Lostage** für das Wetter des nächsten Jahres verstanden. Demnach sollten wir uns mehrmals täglich möglichst genaue Aufzeichnungen über das Wetter, aber auch Details unseres Tagesablaufs machen. Im Prinzip müsste dann das Januarwetter dem des 25., das Februarwetter dem des 26. entsprechen usw. Der Volksmund sagt, das Gleiche gelte auch für den Hausfrieden, ja für unser Leben überhaupt.

Ätherische Öle im Garten

Ätherische Öle sind ein Konzentrat aus den aktiven flüchtigen Inhaltsstoffen von Pflanzen. Sie sind sehr wirkungsvoll und können zur Stimulierung, zur Vorbeugung von Krankheiten, aber auch zur Vernichtung von Viren eingesetzt werden. Da sie natürlich und biologisch abbaubar sind, eignen sie sich hervorragend für den Garten, aber man sollte es nicht übertreiben, da sie sehr konzentriert sind. Es ist besser, ihre Verwendung auf maximal 3 Sprühstöße pro Pflanze zu beschränken und nur alle 2 bis 3 Wochen zu sprühen.

Unsere Auswahl der wirksamsten und preislich erschwinglichen ätherischen Öle:
- **stimulierende** Wirkung: Basilikum, Pfefferminze, Oregano, Bergbohnenkraut, wilder Thymian.
- **abwehrende** Wirkung: Knoblauch, Nelke, Wacholder, Schwarzer Pfeffer.
- **antivirale** Wirkung: Edellorbeer, Pfefferminze, Ravintsara, Teebaum.
- **insektizide** Wirkung: Kampfer, Zitronengras, Nelke, echter Lavendel, Teebaum.
- **pilzbekämpfende** Wirkung: Chinazimt, Oregano, Teebaum, Thymian.

2 bis maximal 3 ätherische Öle können für eine Behandlung kombiniert werden, und zwar sowohl innerhalb einer Kategorie, um die gewünschte Wirkung zu verstärken, als auch zwischen verschiedenen Kategorien, um den Wirkungsbereich einer Behandlung zu erweitern. **Beispiel:** Für eine bessere abwehrende Wirkung können Schwarzer Pfeffer und Nelken kombiniert werden.
Empfehlungen: Basilikum stimuliert das Wachstum von Tomaten.
Kohl und Bohnen sollten nicht mit Knoblauch besprühen werden.
Nelkenöl sollte nicht mit echtem Lavendel oder Teebaum gemischt werden.

Für eine optimale Verwendung der ätherischen Öle im Garten empfehlen wir **1 Liter Wasser mit 1 ml ätherischem Öl, 1 ml Rapsöl und 1 ml Tensid (Schmierseife oder biologisches Geschirrspülmittel) zu mischen**. Sollen mehrere ätherische Öle kombiniert werden, sollte auch die Kombination nicht mehr als 1 ml ätherischer Öle pro Liter enthalten. Rapsöl und Seife homogenisieren die ätherischen Öle mit dem Wasser. Zuerst das Pflanzenöl, dann die ätherischen Öle, dann das Tensid gut in einem Glas verrühren und erst dann mit dem Wasser in der Sprühflasche mischen. Bei Pilz- und Viruserkrankungen sowie als Repellent genügt die Dosierung von 1 ml nicht immer. Hier kann die Dosis der ätherischen Öle auf 3 ml erhöht werden (+ 3 ml Rapsöl + 3 ml Tensid). Diese Verdünnung ist stark genug, um Viren und Pilze zu zerstören, ohne die Pflanzen zu verbrennen.

Für eine bessere Wirksamkeit ist es wichtig, leicht saures Wasser (am besten Regen- oder Quellwasser) zu verwenden (siehe „Wasser“ auf S. 35). Die Mischung sollte nicht in praller Sonne, sondern gegen Abend versprüht werden, um die Blätter nicht zu verbrennen. **Achtung:** Einige ätherische Öle wie Bergbohnenkraut, chinesischer Zimt, Gewürznelke oder Oregano können die Haut verbrennen. Es ist daher ratsam, Handschuhe zu verwenden, um Hautkontakt zu vermeiden.

Zeichenerklärungen

KURVENBREITE:
Der Mondumfang entspricht seiner Entfernung
A = APOGÄUM = erdfernster und „kleinster“ Mond
P = PERIGÄUM = erdnächster und „größter“ Mond

FEUER ERDE LUFT WASSER

STERNZEICHEN DES TIERKREISES

ÜBERSCHNEIDUNGEN VON STERNZEICHEN UND -BILDERN

STERNBILDER DES TIERKREISES

PERIGÄUM am 8. um 20.00 Uhr

MONDKNOTEN am 5. um 19.00 Uhr

ROTE ZONEN = STÖREINFLÜSSE: ALLE ARBEITEN MEIDEN (Mondknoten oder Perigäum)

— MARKIERTE ZONEN sollten vermieden werden

PERIGÄUM am 8. um 20.00 Uhr

MONDPHASEN

ZUNEHMENDER MOND

ABNEHMENDER MOND

AUFSTEIGENDER MOND

ABSTEIGENDER MOND

WECHSEL ZWISCHEN ZWEI STERNZEICHEN

NUMMER VON WOCHE

WEISSE BALKEN = MITTERNACHT

WECHSEL ZWISCHEN ZWEI STERNBILDERN (annähernd)

DEN STERNBILDERN ENTSPRECHENDE PFLANZENTEILE z. B. Gemüse säen oder bearbeiten

Früchte Wurzeln Blüten Blätter

JE MEHR STERNE, DESTO BESSER EIGNET SICH DER ZEITPUNKT ZUR SAAT BZW. BEARBEITUNG DER ENTSPRECHENDEN GEMÜSEART

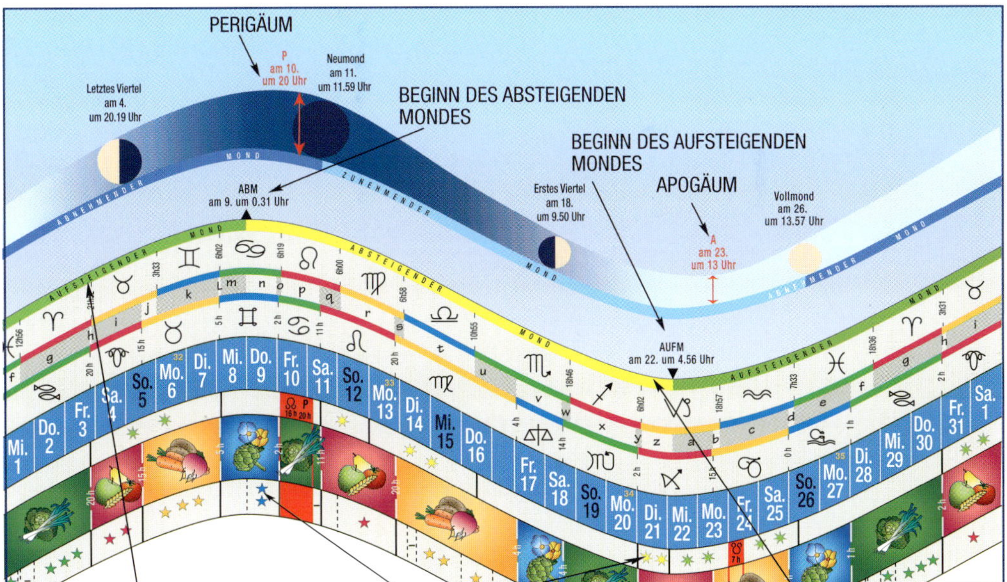

Bei aufsteigendem Mond Ernte der oberirdischen Pflanzenteile

Je mehr Sterne, desto besser lässt sich die entsprechende Gemüseart nach der Ernte lagern.

Bei absteigendem Mond Ernte der Wurzeln, Erdarbeiten, Pflanzung, Düngung

HERAUSTRENNEN ZUR VERWENDUNG ALS LESEZEICHEN

Saatkalender nach Sternbildern (Feuer, Erde, Luft, Wasser)

G = Aussaat Glashaus (grün) · O = Aussaat im Freien (orange)

FRÜCHTE – FEUER

	J	F	M	A	M	J	J	A	S	O	N	D
Auberginen		G										
Bohnen				G	O	O	O	O				
Erbsen	G	G/O	O	O	O							
Getreide												
Gurken			G	G	O	O						
Kürbisse				G	O							
Mais				O	O	O						
Melonen/Wassermelone				G	O							
Paprika/Peperoni		G	G									
Saubohnen	G	G/O	O	O								
Tomaten		G	G	G								
Zucchini			G	G	O	O	O					

WURZELN – ERDE

	J	F	M	A	M	J	J	A	S	O	N	D
Chicorée					O	O						
Karotten	G	G	O	O	O	O						
Kartoffeln		G	G	O	O	O						
Knoblauch		O	O								O	O
Knollensellerie		G	G									
Pastinaken			O	O	O							
Rettich	G	G	G	O	O	O	O	O	O	G	G	G
Rote Rüben			G	O	O	O						
Schalotten		O	O									
Schwarzwurzel			O	O	O							
Steckrüben		G	O	O		O	O	O				
Topinambur			O	O								
Zwiebeln		G	O	O	O			O				

LUFT – BLÜTEN

	J	F	M	A	M	J	J	A	S	O	N	D
Alle Blumen												
Artischocken			O	O								
Brokkoli/Blumenkohl			G	G	O	O	O					

BLÄTTER – WASSER

	J	F	M	A	M	J	J	A	S	O	N	D
Basilikum			G	G								
Chinakohl					O	O	O					
Endiviensalat					O	O	O	O				
Feldsalat							O	O	O	G		
Fenchel/Portulak				O	O	O	O					
Kerbel		G	O	O	O	O	O	O	O	O		
Kohl		G	G	O	O	O		O	O			
Kohlrabi/Sauerampfer		G	G	O	O	O	O					
Kresse			G	O	O	O	O	O	O			
Lauch	G	G	O	O	O							
Löwenzahn			O	O	O	O	O					
Mangold			G	O	O	O		G				
Melden			G	G	O	O						
Neuseeländer Spinat			G	G/O	O							
Petersilie		O	O	O	O	O	O	O				
Rosenkohl		O	O	O	O	O	O	O				
Salat/Rucola		G	G	G/O	O	O	O	O				
Spinat			O	O				O	O	O		
Stangensellerie			G	G	O							

Notizseiten

Zeiten für den Breitengrad von München (siehe S. 19)
Aufgang des Mondes
Untergang des Mondes

Aufsteigender Mond ▲
Absteigender Mond ▼

Zunehmender Mond — Abnehmender Mond
Mondphasen: ● Neumond / ◐ erstes Viertel / ○ Vollmond / ◑ letztes Viertel

Einfluss der Gezeiten (siehe S. 18 f.)
Beginn der steigenden Flut
Einfluss der steigenden Flut
Beginn der sinkenden Flut
Einfluss der sinkenden Flut

Zusammenfassung der Einflüsse von Mond und Planeten (siehe S. 70 f.)

Kalenderwoche

Tag	Mondaufgang	Monduntergang	Mond	Gezeiten	Einflüsse
Mo. 1	22h11	11h12	▼ ABNEHMENDER	5h15, 12h15, 17h30, 23h15	A 16h
Di. 2	23h16	11h25	ABNEHMENDER	6h00, 12h30, 18h15, 0h15	13h
Mi. 3		11h39	▼ ABNEHMENDER; ◑ 4h32	6h30, 12h45, 19h00, 1h30	
Do. 4	0h23	11h52	▼	7h15, 12h45, 19h30, 2h30	♉ 20h
Fr. 5	1h30	12h06	ABNEHMENDER	8h00, 13h00, 20h15, 3h45	
Sa. 6	2h41	12h24	▼ ABNEHMENDER	8h45, 13h30, 21h00, 5h00	8h
So. 7	3h56	12h46	▼	9h30, 13h45, 21h45	18h

Kalenderwoche 1

JANUAR

2

Tag	Mond	Zeiten	
Mo. 8	5h14 13h17	6h15 10h15 14h15 22h45	★ ★
Di. 9	6h31 13h59	7h30 11h15 15h00 23h45	1h
Mi. 10	7h41 14h59	8h45 12h15 16h00	8h05
Do. 11	8h38 16h15	0h45 9h45 13h30 17h15	12h59 ● 2h
Fr. 12	9h19 17h41	2h00 10h15 14h30 18h45	
Sa. 13	9h50 19h10	3h00 10h45 15h30 20h15	P 12h 23h
So. 14	10h13 20h37	4h00 11h15 16h15 21h30	★ ★ ★
Mo. 15	10h32 22h01	4h45 11h30 17h15 23h00	17h
Di. 16	10h49 23h22	5h30 11h45 18h00	★
Mi. 17	11h06	0h15 6h30 12h00 18h45	☊ 15h; 4h54 ◐
Do. 18	0h42 11h23	1h45 7h15 12h30 19h30	9h
Fr. 19	2h02 11h44	3h00 8h00 12h45 20h30	★ ★ ★ 4h
Sa. 20	3h21 12h09	4h15 8h45 13h15 21h15	★ ★
So. 21	4h37 12h42	5h30 9h45 13h45 22h15	★

ABNEHMENDER

ZUNEHMENDER

ZUNEHMENDER

3

JANUAR

Tag	Mond auf/unter	Zeiten	Hinweise
Mo. 22	5h48 / 13h24	6h45, 10h30, 14h30, 23h00	22h
Di. 23	6h48 / 14h18	7h45, 11h30, 15h15	4h42; ☋☿ 9 h
Mi. 24	7h36 / 15h22	0h00, 8h30, 12h30, 16h15	4h
Do. 25	8h12 / 16h31	1h00, 9h15, 13h15, 17h30	○ 18h55
Fr. 26	8h39 / 17h41	1h45, 9h45, 14h00, 18h45	22h
Sa. 27	9h00 / 18h51	2h30, 10h00, 15h00, 19h45	
So. 28	9h17 / 19h58	3h15, 10h15, 15h30, 21h00	
Mo. 29	9h31 / 21h05	3h45, 10h30, 16h15, 22h00	20h; A 9h
Di. 30	9h45 / 22h10	4h30, 10h45, 16h45, 23h15	
Mi. 31	9h57 / 23h17	5h15, 11h00, 17h30	☋ 21h

FEBRUAR

Tag	Mond auf/unter	Zeiten	Hinweise
Do. 1	10h11	0h15, 5h45, 11h15, 18h15	
Fr. 2	0h25 / 10h27	1h30, 6h30, 11h30, 18h45	16h; ◑ 0h19
Sa. 3	1h37 / 10h46	2h30, 7h15, 11h45, 19h45	3h
So. 4	2h51 / 11h12	3h45, 8h00, 12h15, 20h30	

ZUNEHMENDER

ABNEHMENDER

4

5

FEBRUAR

ABNEHMENDER

Tag	Auf-/Untergang	Zeiten	Hinweise
Mo. 5	4h07 / 11h47	5h00, 9h00, 12h45, 21h30	★★★
Di. 6	5h20 / 12h37	6h15, 10h00, 13h30, 22h30	11h; 18h04
Mi. 7	6h22 / 13h44	7h15, 11h00, 14h45, 23h30	★
Do. 8	7h11 / 15h06	8h15, 12h00, 16h00	13h
Fr. 9	7h47 / 16h36	0h30, 8h45, 13h00, 17h30	★★; 0h00 ●
Sa. 10	8h14 / 18h06	1h30, 9h15, 14h00, 19h00	10h; P 20h
So. 11	8h35 / 19h35	2h30, 9h30, 15h00, 20h30	★; 2h
Mo. 12	8h53 / 21h01	3h30, 10h00, 15h45, 22h00	★★
Di. 13	9h10 / 22h24	4h15, 10h15, 16h45, 23h30	☊ 18h
Mi. 14	9h28 / 23h47	5h00, 10h30, 17h30	16h; ☋ ♀ 1h
Do. 15	9h47	0h45, 6h00, 10h45, 18h15	★★
Fr. 16	1h09 / 10h11	2h15, 6h45, 11h15, 19h15	10h; ★; 16h02 ◐
Sa. 17	2h28 / 10h42	3h30, 7h30, 11h45, 20h00	–
So. 18	3h41 / 11h21	4h45, 8h30, 12h15, 21h00	★★

ZUNEHMENDER

7

FEBRUAR

Woche	Tag						Notizen
8	Mo. 19	4h45 12h12	9h42	5h45 9h30 13h15 22h00	4h		
	Di. 20	5h36 13h12	ZUNEHMENDER	6h30 10h30 14h15 22h45			
	Mi. 21	6h15 14h20		7h15 11h15 15h15 23h45	10h		
	Do. 22	6h44 15h30		7h45 12h00 16h30			
	Fr. 23	7h06 16h40		0h30 8h00 12h45 17h45	4h		
	Sa. 24	7h24 17h48	13h32	1h15 8h30 13h30 18h45			
	So. 25	7h39 18h55		1h45 8h45 14h15 20h00		A16h	
9	Mo. 26	7h52 20h01	ABNEHMENDER	2h30 8h45 14h45 21h00	3h		
	Di. 27	8h05 21h07		3h15 9h00 15h30 22h00	☋0h		
	Mi. 28	8h18 22h14		3h45 9h15 16h00 23h15			
	Do. 29	8h32 23h24		4h30 9h30 16h45	23h		

MÄRZ

Woche	Tag						Notizen
	Fr. 1	8h50 9h12		0h30 5h15 9h45 17h30			
	Sa. 2	0h37 9h42		1h30 6h00 10h15 18h15	10h		
	So. 3	1h51	16h25	2h45 6h45 10h45 19h15	—		

MÄRZ

Tag	Zeiten (links)	Zeiten	Hinweise
Mo. 4	3h03 / 10h24	4h00, 7h45, 11h30, 20h15	2h59; 20h
Di. 5	4h08 / 11h21	5h15, 8h45, 12h15, 21h15	
Mi. 6	5h01 / 12h34	6h00, 9h45, 13h30, 22h15	0h
Do. 7	5h42 / 13h59	6h45, 10h45, 15h00, 23h15	
Fr. 8	6h12 / 15h29	7h15, 11h45, 16h30	21h
Sa. 9	6h35 / 16h59	0h15, 7h30, 12h45, 18h00	
So. 10	6h55 / 18h27	1h15, 8h00, 13h30, 19h30	● 10h02; P 8h 13h
Mo. 11	7h13 / 19h54	2h00, 8h15, 14h30, 21h00	
Di. 12	7h30 / 21h20	2h45, 8h30, 15h15, 22h15	☊ 2h; 1h
Mi. 13	7h49 / 22h46	3h45, 8h45, 16h15, 23h45	☊ ☿ 2 h
Do. 14	8h12	4h30, 9h15, 17h00	18h
Fr. 15	0h10 / 8h40	1h15, 5h30, 9h45, 18h00	
Sa. 16	1h29 / 9h17	2h30, 6h30, 10h15, 19h00	
So. 17	2h38 / 10h05	3h45, 7h30, 11h00, 19h45	◐ 5h12; 10h; 15h40

ABNEHMENDER

ZUNEHMENDER

10

11

MÄRZ

12

Tag	Left-hand times	Time column	Markers
Mo. 18	3h34 / 11h04	4h30, 8h15, 12h00, 20h45	
Di. 19	4h17 / 12h10	5h15, 9h15, 13h15, 21h30	16h
Mi. 20	4h49 / 13h20	5h45, 10h00, 14h15, 22h30	
Do. 21	5h13 / 14h29	6h15, 10h45, 15h30, 23h15	10h
Fr. 22	5h31 / 15h38	6h30, 11h30, 16h45, 23h45	
Sa. 23	5h47 / 16h45	6h45, 12h15, 17h45	A 17h
So. 24	6h00 / 17h51	0h30, 7h00, 12h45, 18h45	9h

13

Tag	Left-hand times	Time column	Markers
Mo. 25	6h13 / 18h58	1h15, 7h15, 13h30, 20h00	○ 8h01
Di. 26	6h26 / 20h05	1h45, 7h30, 14h15, 21h00	☋ 5h
Mi. 27	6h40 / 21h14	2h30, 7h45, 14h45, 22h15	5h
Do. 28	6h56 / 22h26	3h15, 8h00, 15h30, 23h30	
Fr. 29	7h16 / 23h40	4h00, 8h15, 16h15	16h
Sa. 30	7h43	0h45, 4h45, 8h45, 17h15	—
So. 31	0h52 / 9h20	1h45, 6h45, 10h15, 19h00	

ZUNEHMENDER

ABNEHMENDER

APRIL

10h53

Tag	Zeiten	Zeiten	Hinweise
Mo. 1	2h59, 10h10	4h00, 7h30, 11h15, 20h00	5h
Di. 2	3h55, 11h15	5h00, 8h30, 12h15, 21h00	◑ 5h16
Mi. 3	4h39, 12h33	5h45, 9h30, 13h30, 22h00	9h
Do. 4	5h12, 13h58	6h15, 10h30, 15h00, 23h00	
Fr. 5	5h37, 15h26	6h30, 11h30, 16h30, 0h00	8h
Sa. 6	5h57, 16h53	7h00, 12h15, 18h00, 0h45	0h
So. 7	6h15, 18h19	7h15, 13h15, 19h15, 1h30	P 20h
Mo. 8	6h32, 19h46	7h30, 14h00, 20h45, 2h30	☊ 14h; ● 20h22
Di. 9	6h50, 21h13	7h45, 14h45, 22h15, 3h15	13h
Mi. 10	7h11, 22h40	8h15, 15h45, 23h45, 4h15	5h
Do. 11	7h37	8h30, 16h45, 1h00	
Fr. 12	0h05, 8h11	5h15, 9h15, 17h45, 2h15	
Sa. 13	1h22, 8h56	6h15, 10h00, 18h45, 3h30	19h
So. 14	2h26, 9h52	7h15, 10h45, 19h30	

0h33

ABNEHMENDER

ZUNEHMENDER

14

15

Tag		Zeiten		Mondphase	Notizen
Mo. 15	3h15 10h57	4h15, 8h00, 12h00, 20h30	0h	◐ 21h14	
Di. 16	3h51 12h07	4h45, 9h00, 13h00, 21h15			
Mi. 17	4h18 13h18	5h15, 9h45, 14h15, 22h00	18h		
Do. 18	4h38 14h27	5h45, 10h30, 15h30, 22h45		ZUNEHMENDER	
Fr. 19	4h54 15h35	6h00, 11h15, 16h30, 23h30			
Sa. 20	5h08 16h41	6h15, 11h45, 17h45	— 16h		A 4h ☋ ☿ 9 h
So. 21	5h21 17h47	0h15, 6h15, 12h30, 18h45			
Mo. 22	5h34 18h54	0h45, 6h30, 13h00, 20h00	☋ 13h		
Di. 23	5h47 20h03	1h30, 6h45, 13h45, 21h00		○ 1h50	
Mi. 24	6h03 21h15	2h15, 7h00, 14h30, 22h15	12h		
Do. 25	6h22 22h29	3h00, 7h15, 15h15, 23h30	23h	ABNEHMENDER	
Fr. 26	6h47 23h43	3h45, 7h45, 16h00			
Sa. 27	7h20	0h45, 4h30, 8h15, 17h00	—		
So. 28	0h52 8h06	1h45, 5h30, 9h00, 18h00	— 10h	16h20	

16

17

APRIL

Tag	Zeiten	Weitere Angaben	Zeiten unten
Mo. 29	2h45, 6h30, 10h00, 19h00		1h52, 9h07
Di. 30	3h45, 7h30, 11h15, 20h00	15h	2h38, 10h20

MAI

Tag	Zeiten	Weitere Angaben	Zeiten unten
Mi. 1	4h15, 8h30, 12h45, 20h45	13h28	3h13, 11h41
Do. 2	4h45, 9h15, 14h00, 21h45	15h	3h40, 13h05
Fr. 3	5h00, 10h15, 15h30, 22h30	9h	4h01, 14h29
Sa. 4	5h15, 11h00, 16h45, 23h30		4h19, 15h52
So. 5	5h30, 11h45, 18h15	☊ 0h, P 0h	4h36, 17h16
Mo. 6	0h15, 6h00, 12h45, 19h45	23h	4h53, 18h41
Di. 7	1h00, 6h15, 13h30, 21h00		5h12, 20h07
Mi. 8	2h00, 6h30, 14h30, 22h30	5h23; 15h	5h35, 21h34
Do. 9	3h00, 7h00, 15h30		6h05, 22h56
Fr. 10	0h00, 3h45, 7h45, 16h30	— ; 5h	6h45
Sa. 11	1h15, 5h00, 8h30, 17h30	9h42	7h37, 7h37
So. 12	2h00, 6h00, 9h45, 18h15		8h40, 8h40

ABNEHMENDER

ABNEHMENDER

ZUNEHMENDER

18

19

MAI

Tag		Mond	Zeiten		Notizen
Mo. 13	1h48 9h50	ZUNEHMENDER	2h45 6h45 10h45 19h15	8h	
Di. 14	2h19 11h02	ZUNEHMENDER	3h15 7h45 12h00 20h00	2h	
Mi. 15	2h42 12h13	13h49 ◐	3h45 8h30 13h15 20h45		
Do. 16	3h00 13h22		4h00 9h15 14h15 21h30		
Fr. 17	3h15 14h29		4h15 9h45 15h30 22h00	0h	A 21h
Sa. 18	3h28 15h35	ZUNEHMENDER	4h30 10h30 16h30 22h45		
So. 19	3h41 16h41	ZUNEHMENDER	4h45 11h00 17h45 23h30	♉ 19h	
Mo. 20	3h54 17h49	ZUNEHMENDER	5h00 11h45 18h45		
Di. 21	4h09 19h00		0h00 5h15 12h30 20h00	19h	
Mi. 22	4h27 20h14		0h45 5h30 13h15 21h15	6h	
Do. 23	4h49 21h29	15h54 ○	1h30 5h45 14h00 22h30		
Fr. 24	5h20 22h42	ABNEHMENDER	2h30 6h15 15h00 23h45	—	
Sa. 25	6h03 23h46	21h51 ABNEHMENDER	3h30 7h00 15h45	16h	
So. 26	6h59	ABNEHMENDER	0h45 4h15 8h00 16h45		

20

21

MAI

ABNEHMENDER

Tag	Mondaufgang / -untergang	Zeiten	Hinweise
Mo. 27	0h37 / 8h10	1h30, 5h15, 9h15, 17h45	[Symbol: Frucht] ★ ★ ★ 21h
Di. 28	1h15 / 9h30	2h15, 6h15, 10h30, 18h45	[Symbol: Wurzel] ★ ★
Mi. 29	1h44 / 10h53	2h45, 7h15, 12h00, 19h45	★ 21h
Do. 30	2h06 / 12h15	3h00, 8h00, 13h15, 20h30	[Symbol: Blüte] ★ ★ ◑ 19h14
Fr. 31	2h25 / 13h37	3h30, 9h00, 14h30, 21h15	★ ★ 16h [Symbol: Blatt]

JUNI

Tag	Mondaufgang / -untergang	Zeiten	Hinweise
Sa. 1	2h41 / 14h58	3h45, 9h45, 16h00, 22h00	★ ★ ★
So. 2	2h58 / 16h19	4h00, 10h30, 17h15, 23h00	☊ 5h, P 9h
Mo. 3	3h15 / 17h43	4h15, 11h15, 18h45, 23h45	7h [Symbol: Frucht] ★
Di. 4	3h36 / 19h07	4h30, 12h15, 20h00	★ 0h
Mi. 5	4h02 / 20h31	0h45, 5h00, 13h15, 21h30	[Symbol: Wurzel] ★ ★
Do. 6	4h37 / 21h48	1h30, 5h30, 14h00, 22h45	— ● 14h39 ☊ ♀ 5 h
Fr. 7	5h23 / 22h52	2h30, 6h30, 15h00, 23h45	★ 14h [Symbol: Blüte]
Sa. 8	6h22 / 23h41	3h30, 7h15, 16h00, 0h45	★ — 18h36
So. 9	7h31	4h30, 8h30, 17h00	★ 17h [Symbol: Blatt] ☊ ☿ 2 h

ABNEHMENDER

ZUNEHMENDER

Tag	Zeiten	Zeiten	Vermerke
Mo. 10	0h17 / 8h44	1h15, 5h30, 9h45, 17h45	
Di. 11	0h44 / 9h57	1h45, 6h15, 11h00, 18h45	10h
Mi. 12	1h04 / 11h07	2h00, 7h00, 12h00, 19h15	
Do. 13	1h20 / 12h15	2h15, 7h45, 13h15, 20h00	
Fr. 14	1h34 / 13h21	2h30, 8h30, 14h15, 20h45	7h20; 8h; A16h
Sa. 15	1h47 / 14h27	2h45, 9h00, 15h30, 21h15	☊ 22h
So. 16	2h00 / 15h34	3h00, 9h45, 16h30, 22h00	
Mo. 17	2h14 / 16h43	3h15, 10h15, 17h45, 22h45	3h
Di. 18	2h30 / 17h56	3h30, 11h00, 19h00, 23h30	
Mi. 19	2h51 / 19h11	3h45, 11h45, 20h15	14h
Do. 20	3h18 / 20h25	0h15, 4h15, 12h45, 21h30	
Fr. 21	3h56 / 21h34	1h15, 5h00, 13h45, 22h30	4h39; 3h09; 23h
Sa. 22	4h48 / 22h31	2h15, 5h45, 14h45, 23h30	
So. 23	5h56 / 23h15	3h15, 7h00, 15h45	

ZUNEHMENDER

ZUNEHMENDER

ABNEHMENDER

25

JUNI

Tag	Zeiten	Zeiten	Hinweise
Mo. 24	7h15, 23h47	0h15, 4h15, 8h15, 16h45	3h ★★★
Di. 25	8h39	0h45, 5h15, 9h45, 17h30	
Mi. 26	0h11, 10h03	1h15, 6h00, 11h00, 18h30	3h ★★
Do. 27	0h31, 11h26	1h30, 6h45, 12h30, 19h15	P 14h, 21h
Fr. 28	0h48, 12h47	1h45, 7h45, 13h45, 20h00	★★★ ◑ 23h55
Sa. 29	1h04, 14h07	2h00, 8h30, 15h00, 20h45	☊ 6h ★
So. 30	1h21, 15h28	2h15, 9h15, 16h30, 21h45	★ 14h

ABNEHMENDER

JULI

Tag	Zeiten	Zeiten	Hinweise
Mo. 1	1h40, 16h51	2h45, 10h00, 17h45, 22h30	★★
Di. 2	2h04, 18h13	3h00, 11h00, 19h15, 23h30	7h ★
Mi. 3	2h34, 19h31	3h30, 12h00, 20h30	★
Do. 4	3h15, 20h39	0h30, 4h15, 13h00, 21h45	★ 22h
Fr. 5	4h08, 21h34	1h30, 5h15, 14h00, 22h30	2h04; ● 0h59
Sa. 6	5h13, 22h15	2h15, 6h15, 14h45, 23h15	★
So. 7	6h25, 22h45	3h15, 7h30, 15h45, 23h45	2h ★

ABNEHMENDER

ZUNEHMENDER

Tag			Zeiten		Notizen
Mo. 8	7h39	23h07	4h15, 8h45, 16h30	18h	
Di. 9	8h51	23h25	0h00, 5h00, 9h45, 17h15		
Mi. 10	10h00	23h39	0h30, 5h45, 11h00, 18h00		
Do. 11	11h07	23h53	0h45, 6h15, 12h00, 18h30	16h	
Fr. 12	12h13		1h00, 7h00, 13h15, 19h15	☊ 0h	A 10h
Sa. 13	0h05	13h19	1h00, 7h30, 14h15, 20h00		
So. 14	0h19	14h27	1h15, 8h15, 15h30, 20h30	◑ 0h50	

Tag			Zeiten		Notizen
Mo. 15	0h34	15h37	1h30, 9h00, 16h30, 21h15	12h	
Di. 16	0h52	16h51	1h45, 9h45, 17h45, 22h00	23h	
Mi. 17	1h16	18h05	2h15, 10h30, 19h00, 23h00		☊☿ 9 h
Do. 18	1h49	19h17	2h45, 11h30, 20h15		
Fr. 19	2h34	20h19	0h00, 3h30, 12h30, 21h15	8h	12h59
Sa. 20	3h36	21h09	1h00, 4h30, 13h30, 22h15		
So. 21	4h52	21h46	2h00, 5h45, 14h30, 22h45	12h; ○ 12h18	

ZUNEHMENDER

ZUNEHMENDER

JULI

Tag	Mond	Zeiten	Hinweise
Mo. 22	6h17 22h14	3h00 7h15 15h30 23h15	10h
Di. 23	7h44 22h36	4h00 8h45 16h30 23h30	
Mi. 24	9h10 22h54	4h45 10h15 17h15 0h00	P 8h; 4h
Do. 25	10h33 23h10	5h30 11h30 18h00 0h15	
Fr. 26	11h55 23h27	6h30 13h00 18h45 0h30	☊ 7h
Sa. 27	13h17 23h45	7h15 14h15 19h45 0h45	19h
So. 28	14h40	8h00 15h45 20h30 1h00	◑ 4h53
Mo. 29	0h07 16h02	9h00 17h00 21h15 1h30	13h
Di. 30	0h35 17h20	9h45 18h15 22h15 2h15	
Mi. 31	1h12 18h31	10h45 19h30 23h15 3h00	—; 5h

AUGUST

Tag	Mond	Zeiten	Hinweise
Do. 1	2h00 19h29	11h45 20h30 0h15 4h00	7h53
Fr. 2	3h01 20h14	12h45 21h15 1h15 5h15	
Sa. 3	4h10 20h47	13h30 21h45 2h00 6h30	9h
So. 4	5h23 21h11	14h30 22h15	● 13h14

ABNEHMENDER

ABNEHMENDER

30

31

AUGUST

32

Tag	Mond auf/unter	Zeiten	
Mo. 5	6h36 21h30	2h45 7h30 15h15 22h30	2h
Di. 6	7h47 21h45	3h30 8h45 16h00 22h45	
Mi. 7	8h55 21h59	4h15 10h00 16h30 23h00	23h
Do. 8	10h01 22h12	5h00 11h00 17h15 23h15	
Fr. 9	11h07 22h24	5h30 12h00 17h45 23h30	♉ 3h, A 3h
Sa. 10	12h13 22h38	6h15 13h15 18h30 23h45	
So. 11	13h22 22h55	6h45 14h15 19h15	20h
Mo. 12	14h33 23h16	0h00 7h30 15h30 20h00	◐ 17h20
Di. 13	15h46 23h43	0h15 8h15 16h45 20h45	7h
Mi. 14	16h58	0h45 9h15 18h00 21h45	
Do. 15	0h22 18h04	1h15 10h15 19h00 22h45	18h, 22h07
Fr. 16	1h15 18h59	2h15 11h15 20h00 23h45	
Sa. 17	2h24 19h42	3h30 12h15 20h45	22h
So. 18	3h46 20h13	0h45 4h45 13h15 21h15	

ZUNEHMENDER

33

ZUNEHMENDER

AUGUST

Tag	Datum	Zeiten	Zeitspalte	Hinweise
Mo.	19	5h14 / 20h38	1h45, 6h15, 14h00, 21h45	20h27 (Vollmond); 20h
Di.	20	6h42 / 20h57	2h30, 7h45, 15h00, 22h00	
Mi.	21	8h09 / 21h15	3h30, 9h15, 16h00, 22h15	P 7h – 12h
Do.	22	9h35 / 21h32	4h15, 10h30, 16h45, 22h30	☊ 12h
Fr.	23	11h00 / 21h50	5h00, 12h00, 17h30, 22h45	2h
Sa.	24	12h25 / 22h11	6h00, 13h30, 18h30, 23h15	
So.	25	13h49 / 22h37	6h45, 14h45, 19h15, 23h30	19h

Tag	Datum	Zeiten	Zeitspalte	Hinweise
Mo.	26	15h11 / 23h11	7h45, 16h15, 20h15	11h27 (abnehmender Halbmond)
Di.	27	16h25 / 23h56	0h15, 8h45, 17h30, 21h15	—
Mi.	28	17h27	1h00, 9h45, 18h30, 22h15	10h; 12h59
Do.	29	0h53 / 18h15	2h00, 10h45, 19h15, 23h00	
Fr.	30	2h00 / 18h50	3h00, 11h30, 19h45	15h
Sa.	31	3h11 / 19h17	0h00, 4h15, 12h15, 20h15	
So.	1	4h24 / 19h37	0h45, 5h30, 13h15, 20h30	8h

ABNEHMENDER

ABNEHMENDER

Tag	Auf-/Untergang	Zeiten	Mond	Hinweise
Mo. 2	5h35 / 19h53	1h30, 6h30, 13h45, 21h00	● 3h57	
Di. 3	6h43 / 20h06	2h15, 7h45, 14h30, 21h00		
Mi. 4	7h50 / 20h19	2h45, 8h45, 15h15, 21h15		6h
Do. 5	8h56 / 20h32	3h30, 10h00, 15h45, 21h30		☋ 8h; ☊☿ 1 h; A 17h
Fr. 6	10h02 / 20h45	4h15, 11h00, 16h30, 21h45		—; ☊♂ 4h
Sa. 7	11h10 / 21h00	4h45, 12h15, 17h15, 22h00		3h
So. 8	12h20 / 21h19	5h30, 13h15, 18h00, 22h15		
Mo. 9	13h31 / 21h43	6h15, 14h30, 18h45, 22h45		15h
Di. 10	14h43 / 22h16	7h00, 15h45, 19h30, 23h15		
Mi. 11	15h50 / 23h01	8h00, 16h45, 20h30	◐ 8h07	6h44
Do. 12	16h49	0h00, 9h00, 17h45, 21h30		3h
Fr. 13	0h02 / 17h35	1h00, 10h00, 18h30, 22h30		
Sa. 14	1h16 / 18h11	2h15, 11h00, 19h15, 23h15		8h
So. 15	2h40 / 18h38	3h45, 11h45, 19h45		

ZUNEHMENDER

ZUNEHMENDER

37

SEPTEMBER

ZUNEHMENDER

Tag		Zeiten	Zeichen
Mo. 16	4h08 18h59	0h15 5h15 12h45 20h00	★★ 6h ★★★
Di. 17	5h36 19h18	1h15 6h30 13h30 20h15	★★★ 23h
Mi. 18	7h03 19h35	2h00 8h00 14h30 20h30	○ 4h36 P 15h ☊ 22h
Do. 19	8h31 19h53	3h00 9h30 15h15 21h00	★★★
Fr. 20	9h58 20h13	3h45 11h00 16h15 21h15	11h
Sa. 21	11h27 20h37	4h45 12h30 17h00 21h30	★★ 2h
So. 22	12h53 21h09	5h30 14h00 18h00 22h15	★★★
Mo. 23	14h13 21h51	6h30 15h15 19h00 22h45	— ★
Di. 24	15h21 22h45	7h30 16h15 20h00 23h45	★★ 16h ◑ 20h51
Mi. 25	16h14 23h50	8h30 17h15 21h00	18h53 ★ — ☋ ♀ 19 h
Do. 26	16h54	0h45 9h30 18h00 22h00	★★ 21h
Fr. 27	1h01 17h22	2h00 10h15 18h15 22h45	★★★
Sa. 28	2h14 17h44	3h15 11h00 18h45 23h30	14h
So. 29	3h25 18h01	4h30 11h45 19h00	★★

ABNEHMENDER

ABNEHMENDER

OKTOBER

40

ABNEHMENDER

Tag	Zeiten	
Mo. 30 (4h34 / 18h15)	0h15, 5h30, 12h30, 19h15	
Di. 1 (5h41 / 18h28)	1h00, 6h45, 12h, 13h15, 19h30	
Mi. 2 (6h47 / 18h40)	1h30, 7h45, ☋ 14h, 13h45, 19h45; 20h50	A 22h
Do. 3 (7h53 / 18h53)	2h15, 9h00, 14h30, 20h00	
Fr. 4 (9h00 / 19h07)	2h45, 10h00, 15h15, 20h00	
Sa. 5 (10h09 / 19h25)	3h30, 9h, 11h15, 15h45, 20h30	
So. 6 (11h20 / 19h47)	4h15, 12h15, 16h30, 21h, 20h45	

ZUNEHMENDER

41

Tag	Zeiten	
Mo. 7 (12h31 / 20h16)	5h00, 13h30, 17h30, 21h15	
Di. 8 (13h40 / 20h56)	5h45, 14h45, 18h15, 22h00	
Mi. 9 (14h41 / 21h49)	6h45, 9h, 15h45, 19h15, 22h45; 13h45	
Do. 10 (15h31 / 22h57)	7h45, 16h30, 20h15, 0h00; 20h56	
Fr. 11 (16h09)	8h45, 16h, 17h15, 21h15	
Sa. 12 (0h14 / 16h38)	1h15, 9h30, 17h45, 22h00	
So. 13 (1h38 / 17h01)	2h45, 10h30, 16h, 18h00, 23h00	☋☿ 8 h

ZUNEHMENDER

OKTOBER

Woche	Tag	Auf-/Untergang	Mondphase	Zeiten	Hinweise
42	Mo. 14	3h03 / 17h20	ZUNEHMENDER	4h00, 11h15, 18h15, 23h45	★★★
	Di. 15	4h29 / 17h37		5h30, 12h15, 18h30	9h, ★
	Mi. 16	5h55 / 17h55		0h45, 7h00, 13h00, 19h00	☊ 9h
	Do. 17	7h23 / 18h13	○ 13h28	1h30, 8h30, 14h00, 19h15	P 3h, 22h
	Fr. 18	8h52 / 18h36		2h30, 9h45, 14h45, 19h30	★★
	Sa. 19	10h22 / 19h05	ABNEHMENDER	3h15, 11h15, 15h45, 20h00	12h
	So. 20	11h49 / 19h43		4h15, 12h45, 16h45, 20h45	★★★
43	Mo. 21	13h06 / 20h34		5h15, 14h00, 17h45, 21h30	★★★, 0h
	Di. 22	14h07 / 21h37	2h45	6h15, 15h00, 18h45, 22h30	★★
	Mi. 23	14h53 / 22h48		7h15, 16h00, 19h45, 23h45	3h
	Do. 24	15h25	◐ 10h04	8h15, 16h30, 20h45	★★
	Fr. 25	0h02 / 15h49	ABNEHMENDER	1h00, 9h00, 16h45, 21h30	★★, 20h
	Sa. 26	1h14 / 16h08		2h15, 9h45, 17h15, 22h15	★★
	So. 27	2h24 / 15h23		3h30, 9h30, 16h30, 21h45	★

OKTOBER

Tag					Mondaufgang / -untergang
Mo. 28	3h30	10h15	16h30	22h30	2h32 / 15h36
Di. 29	4h45	10h45	16h45	23h15	3h38 / 15h48
Mi. 30	5h45	11h30	17h00	23h45	4h43 / 16h01
Do. 31	6h45	12h15	17h15		5h50 / 16h15

16h

☋ 19h

A 0h

ABNEHMENDER

NOVEMBER

Tag					Mondaufgang / -untergang
Fr. 1	0h30	8h00	12h45	17h30	6h59 / 16h31
Sa. 2	1h15	9h15	13h30	17h45	8h10 / 16h52
So. 3	2h00	10h15	14h30	18h15	9h21 / 17h19
Mo. 4	2h45	11h30	15h15	19h00	10h31 / 17h56
Di. 5	3h45	12h30	16h15	19h45	11h35 / 18h45
Mi. 6	4h45	13h30	17h00	20h45	12h28 / 19h47
Do. 7	5h30	14h15	18h00	22h00	13h09 / 21h00
Fr. 8	6h30	14h45	19h00	23h15	13h40 / 22h20
Sa. 9	7h15	15h00	19h45	0h45	14h04 / 23h41
So. 10	8h15	15h30	20h30		14h24

13h48 (Neumond, Fr. 1)

14h (Fr. 1) · 2h (Sa. 2) · 14h (Di. 5) · 22h (Do. 7) · 23h (Sa. 9)

18h11 (Di. 5)

6h57 (erstes Viertel, Fr. 8)

ZUNEHMENDER

45

NOVEMBER

ZUNEHMENDER / ABNEHMENDER

Tag	Mond	Zeiten	
Mo. 11	1h03 14h41	2h00 9h00 15h45 21h30	18h · 46
Di. 12	2h26 14h57	3h30 9h45 16h00 22h15	☊ 17h
Mi. 13	3h50 15h15	4h45 10h45 16h15 23h00	
Do. 14	5h16 15h35	6h15 11h30 16h30 0h00	8h · P 12h
Fr. 15	6h45 16h00	7h45 12h30 17h00 1h00	23h · ○ 22h30
Sa. 16	8h15 16h34	9h15 13h30 17h30 2h00	
So. 17	9h39 17h19	10h45 14h30 18h15 3h00	9h
Mo. 18	10h50 18h18	11h45 15h30 19h15 4h00	11h21 · 47
Di. 19	11h44 19h29	12h45 16h30 20h30 5h00	11h
Mi. 20	12h23 20h44	13h30 17h30 21h45 6h00	
Do. 21	12h51 21h59	13h45 18h30 23h00 6h45	3h
Fr. 22	13h12 23h11	14h15 19h15 0h15 7h30	◑ 2h29
Sa. 23	13h29	14h30 19h45 1h15 8h15	
So. 24	0h20 13h43	14h45 20h30	

Mo. 25	1h27 13h55	0h 2h30 8h45 15h00 21h15	♉ 23h
Di. 26	2h33 14h08	3h30 9h30 15h15 21h45	A 13h
Mi. 27	3h39 14h22	4h45 10h00 15h15 22h30	
Do. 28	4h47 14h37	5h45 10h45 15h30 23h00	20h
Fr. 29	5h57 14h56	7h00 11h30 16h00	
Sa. 30	7h09 15h21	0h00 8h15 12h15 16h15	8h
So. 1	8h20 15h55	0h45 9h15 13h15 17h00	☊☿ 23 h

Mo. 2	9h27 16h41	1h30 10h30 14h00 17h45	20h
Di. 3	10h24 17h40	2h30 11h30 15h00 18h45	
Mi. 4	11h09 18h51	3h30 12h15 16h00 19h45	3h
Do. 5	11h43 20h09	4h30 12h45 16h45 21h15	
Fr. 6	12h08 21h29	5h15 13h15 17h45 22h30	5h
Sa. 7	12h29 22h50	6h15 13h30 18h30 23h45	
So. 8	12h46	7h00 13h45 19h15	

ABNEHMENDER 7h23

23h25 ZUNEHMENDER 16h28

DEZEMBER

Tag		Zeiten		Zeichen	Woche
Mo. 9	0h09 13h02	1h15 7h45 14h00 20h15	ZUNEHMENDER	1h ★ ☊ 21h	50
Di. 10	1h30 13h19	2h30 8h30 14h15 21h00		★ ★	
Mi. 11	2h52 13h37	3h45 9h15 14h30 21h45		16h ★★★	
Do. 12	4h17 13h59	5h15 10h15 15h00 22h45		P 14h	
Fr. 13	5h44 14h27	6h45 11h15 15h30 23h45		8h ★ ★	
Sa. 14	7h09 15h06	8h15 12h15 16h00		—	
So. 15	8h27 15h59	0h45 9h30 13h15 17h00	10h03	20h	
Mo. 16	9h30 17h05	1h45 10h30 14h15 18h00	21h09 ABNEHMENDER	★ ★	51
Di. 17	10h16 18h20	2h45 11h15 15h15 19h15		21h	
Mi. 18	10h50 19h38	3h45 11h45 16h15 20h45		★ ★ ★	
Do. 19	11h14 20h53	4h30 12h15 17h00 22h00		12h	
Fr. 20	11h32 22h04	5h15 12h30 17h45 23h00		★ ★	
Sa. 21	11h48 23h13	6h00 12h45 18h30			
So. 22	12h01	0h15 6h45 13h00 19h00	23h19	8h ★★	

DEZEMBER

ABNEHMENDER

Tag	Datum	Zeiten				Mondaufgang / -untergang	Vermerk
Mo.	23	1h15	7h30	13h15	19h45	0h19 / 12h14	♉ 0h
Di.	24	2h30	8h00	13h30	20h15	1h25 / 12h27	A 8h
Mi.	25	3h30	8h45	13h45	21h00	2h32 / 12h42	4h
Do.	26	4h45	9h30	14h00	21h45	3h41 / 12h59	
Fr.	27	6h00	10h15	14h15	22h30	4h53 / 13h22	16h
Sa.	28	7h00	11h00	14h45	23h30	6h05 / 13h52	
So.	29	8h15	12h00	15h30		7h14 / 14h33	6h01

1

Tag	Datum	Zeiten				Mondaufgang / -untergang	Vermerk
Mo.	30	0h15	9h15	12h45	16h30	8h16 / 15h29	4h; ● 23h28
Di.	31	1h15	10h00	13h45	17h45	9h06 / 16h38	

JANUAR

ZUNEHMENDER

Tag	Datum	Zeiten				Mondaufgang / -untergang	Vermerk
Mi.	1	2h15	10h45	14h45	19h00	9h44 / 17h56	10h
Do.	2	3h15	11h15	15h45	20h15	10h12 / 19h17	
Fr.	3	4h00	11h30	16h30	21h45	10h34 / 20h39	11h
Sa.	4	5h00	11h45	17h15	23h00	10h52 / 21h59	
So.	5	5h45	12h15	18h00		11h09 / 23h19	6h; ♌ 21h

Pflanzenassoziationen

Pflanzen beeinflussen besonders durch ihr Wurzelgeflecht ihr unmittelbares Umfeld und dadurch auch das Wachstum der Nachbarpflanzen. Dieses Phänomen, das je nach Bodentyp stärkere oder schwächere Auswirkungen haben kann, machten sich schon die alten Chinesen und Indianer zunutze. Eine Berücksichtigung solcher Pflanzenassoziationen bekämpft Schädlinge sowie Krankheiten und sichert reiche Erträge.

	Günstige Nachbarn	Ungünstige Nachbarn
Auberginen	Bohnen	Kartoffeln
Bohnen	Auberginen, Bohnenkraut, Erdbeeren, Gurken, Karotten, Kartoffeln, Kohl, Mais, Rettich, Ringelblumen, Rüben, Salat, Sellerie, Spinat	Erbsen, Fenchel, Knoblauch, Lauch, Mangold, Petersilie, Rote Bete, Schalotten, Zwiebeln
Chicorée	Fenchel, Kohl, Lauch	Kürbispflanzen
Erbsen	Dill, Fenchel, Gurken, Karotten, Kohl, Mais, Rettich, Rüben, Salat, Sellerie, Spargel, Zucchini	Bohnen, Knoblauch, Lauch, Petersilie, Schalotten, Tomaten, Zwiebeln
Erdbeeren	Bohnen, Borretsch, Feldsalat, Knoblauch, Lauch, Rettich, Ringelblumen, Rüben, Salat, Schnittlauch, Spinat, Thymian, Zwiebeln	Kohl
Fenchel	Chicorée, Erbsen, Gurken, Lauch, Salat, Salbei, Sellerie, Zichorien	Bohnen, Kohl, Pastinaken, Tomaten
Feldsalat	Erdbeeren, Kohl, Lauch, Zwiebeln	
Gurken	Basilikum, Bohnen, Dill, Erbsen, Fenchel, Kohl, Koriander, Kümmel, Lauch, Mais, Rote Bete, Salat, Sellerie, Schnittlauch, Spargel, Zwiebeln	Kartoffeln, Rettich
Karotten	Buschbohnen, Dill, Erbsen, Kerbel, Knoblauch, Lauch, Rettich, Rosmarin, Salat, Salbei, Schnittlauch, Schwarzwurzeln, Tomaten, Zichorien, Zwiebeln	Rote Bete
Kartoffeln	Bohnen, Knoblauch, Kohl, Rettich, Spinat, Saubohnen	Auberginen, Gurken, Mais, Rote Bete, Sellerie, Sonnenblumen, Tomaten, Zwiebeln
Knoblauch	Erdbeeren, Gurken, Himbeeren, Karotten, Kartoffeln, Lilien, Obstbäume, Radieschen, Rosen, Rote Bete, Tomaten, Tulpen	Bohnen, Erbsen, Kohl, Ringelblumen, Stangenbohnen

Kohl	Beifuß, Bohnen, Chicorée, Dill, Erbsen, Feldsalat, Kamille, Kartoffeln, Kümmel, Mangold, Pfefferminze, Rüben, Sellerie, Salat, Spinat	Erdbeeren, Knoblauch, Lauch, Pastinaken, Petersilie, Rettich, Senf, Zichorien, Zwiebeln
Kohlrabi	Bohnen, Erbsen, Kartoffeln, Lauch, Rote Bete, Salat, Schwarzwurzeln, Sellerie, Spinat, Tomaten	Erdbeeren, Fenchel, Zichorien
Kürbispflanzen, Zucchini usw.	Basilikum, Erdbeeren, Kapuzinerkresse, Karotten, Mais, Rote Bete, Salat, Zwiebeln	Rettich
Lauch	Chicorée, Erdbeeren, Fenchel, Kamille, Karotten, Petersilie, Salat, Schwarzwurzeln, Sellerie, Spargel, Tomaten, Zwiebeln	Bohnen, Erbsen, Kürbispflanzen, Mangold, Petersilie, Rote Bete
Mangold	Bohnen, Kohl, Rettich, Salat, Sellerie, Zwiebeln	Lauch, Spargel, Tomaten
Pastinaken	Karotten, Zwiebeln	Fenchel
Petersilie	Lauch, Rettich, Spargel, Tomaten	Bohnen, Erbsen, Kohl, Salat
Rettich und Radieschen	Bohnen, Erbsen, Kapuzinerkresse, Kartoffeln, Kerbel, Knoblauch, Mangold, Petersilie, Salat, Spinat, Tomaten	Gurken, Kohl, Kürbisse
Rote Bete	Buschbohnen, Dill, Gurken, Knoblauch, Kohl, Koriander, Kümmel, Salat, Sellerie, Zucchini, Zwiebeln	Karotten, Kartoffeln, Lauch, Mais, Saubohnen, Spargel, Spinat, Stangenbohnen, Tomaten
Rüben	Bohnen, Erbsen, Salat, Spinat	
Salat	Bohnen, Dill, Erdbeeren, Erbsen, Fenchel, Gurken, Knoblauch, Kerbel, Kohl, Lauch, Mais, Pfefferminze, Rote Bete, Rettich, Saubohnen, Schwarzwurzeln, Zichorien, Zwiebeln, Tomaten	Kürbispflanzen, Petersilie, Sellerie
Saubohnen	Artischocken, Karotten, Kartoffeln, Salat, Sellerie	Rote Bete, Zwiebeln
Schwarzwurzeln	Kohlrabi, Lauch, Salat	
Sellerie	Bohnen, Erbsen, Gurken, Kamille, Kohl, Kürbispflanzen, Lauch, Mangold, Rote Bete, Saubohnen, Tomaten	Kartoffeln, Mais, Petersilie, Salat
Spargel	Erbsen, Gurken, Lauch, Petersilie, Salat, Tomaten	Knoblauch, Rote Bete, Zwiebeln
Spinat	Erdbeeren, Kartoffeln, Kohl, Rettich, Rüben, Sellerie, Stangenbohnen, Tomaten	Mangold, Rote Bete
Tomaten	Basilikum, Kapuzinerkresse, Karotten, Knoblauch, Petersilie, Lauch, Mais, Pastinaken, Rettich, Ringelblumen, Salat, Sellerie, Spargel, Spinat, Zichorien, Zwiebeln	Erbsen, Fenchel, Mangold, Rote Bete
Zichorien	Bohnen, Karotten, Fenchel, Salat, Tomaten	Kohl
Zuckermais	Bohnen, Bohnenkraut, Dill, Erbsen, Gurken, Kamille, Kürbispflanzen, Salat, Schwarzwurzeln, Tomaten, Zichorien	Rote Bete, Sellerie
Zwiebeln	Erdbeeren, Gurken, Karotten, Lauch, Pastinaken, Petersilie, Rote Bete, Salat, Tomaten	Bohnen, Erbsen, Kartoffeln, Kohl, Saubohnen

Mein Gartenplan/Notizen

Zeichenerklärung für die Tabellen auf Seite

26, 31, 32, 33, 38, 39, 47, 53, 55, 56, 62, 63, 64, 65, 67, 68.

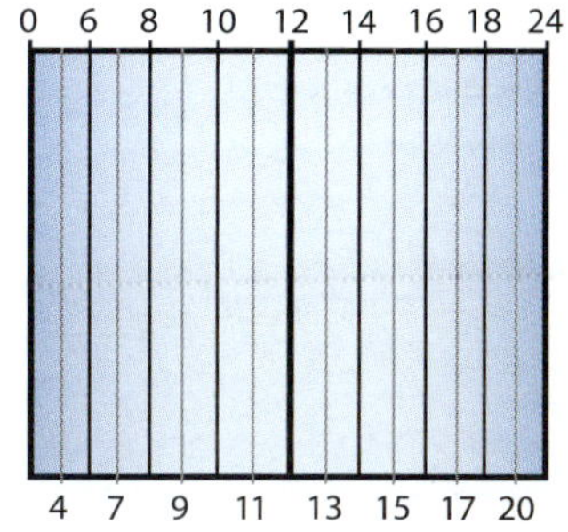

In den Tabellen steht jedes Kästchen für einen regelmäßig in 24 Stunden aufgeteilten Tag (siehe oben).
Hier einige Beispiele:

Grün bis 9 Uhr, gelb den restlichen Tag.

Orange bis 17 Uhr und weiß (neutral) den Rest des Tages.

Violett bis 12 Uhr und blau den ganzen Tag.

Vergleichsversuche

Wir führen seit 40 Jahren Vergleichsversuche durch, um unsere Angaben wissenschaftlich zu fundieren. Dabei achten wir darauf, dieselbe Menge desselben Saatguts bei denselben Witterungsbedingungen mit geringem Zeitunterschied, aber verschiedenen Mondeinflüssen, zu säen oder auszupflanzen. Dabei sind natürlich auch die Vorgängerkulturen, Pflanzabstände, Bewässerung und Pflanzenpflege identisch.

Diese Tomaten wurden alle an einem „Fruchttag“ mit 3 Sternen gesät, aber pikiert
A & B: bei **absteigendem** Mond,
C & D: bei **aufsteigendem** Mond.

A: Ernte von 19 Saatkartoffeln, gepflanzt an einem Wurzeltag mit 2 Sternen = 15,4 kg
B: Ernte von 19 Saatkartoffeln, gepflanzt an einem Wurzeltag zum **Perigäum** = 11,8 kg

Ernte von Roten Rüben, die nebeneinander an zwei Folgetagen gesät wurden.
Links: Wurzeltag mit **Mondknoten** = 8,9 kg
Rechts: Wurzeltag mit 3 Sternen = 17,7 kg

Ernte von Rettich, die nebeneinander an zwei Folgetagen gesät wurden.
Links: Wurzeltag mit negativem **Planetenaspekt** (Mond im Quadrat zu Saturn = rote Zone) = 260 g
Rechts: Wurzeltag mit 3 Sternen = 460 g

Stichwortregister * (* Angeführt sind die jeweils wichtigsten Stellen)